BIER

Ernst Friedrich

BIER

Mit 50 Rezepten aus aller Welt,
exklusiv fotografiert
für dieses Buch
von
Hans Joachim Döbbelin

SIGLOCH
EDITION

INHALT

Rund ums Bier

Eine unverzichtbare Zutat für jedes moderne Bier ist der Hopfen. Sein Aroma verleiht dem Getränk die so geschätzte, meist deutlich herbe Frische. Die bedeutendste Hopfenregion der Welt mit Tausenden Hektar Anbaufläche ist die bayerische Holledau (auch Hallertau), ein sanft hügeliger Landstrich nördlich von München.

Wenn's ums Bier geht, wird die Sache ernst. Wohl kein Getränk auf dieser Welt erhitzt und kühlt die Gemüter so schnell wie Bier. Seit 8000 Jahren wird Bier gebraut, weltweit werden jährlich über 800 Millionen Hektoliter getrunken, davon allein in Deutschland etwa 120 Millionen. In Bayern zählt das Bier immer noch zu den Grundnahrungsmitteln, und eine Erhöhung des Bierpreises verursacht größere Wogen als jede Steuererhöhung. Bier gibt es in unzähligen Sorten und Arten. Und jede Region behauptet steif und fest, daß gerade ihr Bier das beste sei.

Westfalen nennen das bayerische Bier hämisch „Kinderbelustigungswasser", weil es ihnen zu dünn und zu süß ist, und Bayern sprechen verächtlich von „Preußenmaß", wenn es um die kleinen Biergläser im Norden geht. So hat jeder seine Ansichten, doch unter dem Strich gibt es viele gute und sehr gute Biere, und es ist auch schön, daß jede Region eine „Bierspezialität" ihr eigen nennt.

Die alten Mönche behaupteten, daß Bier beruhige und sättige,

Oktoberfest in München auf der Theresienwiese: Es beginnt stets Ende September und ist nach wie vor eines der größten Volksfeste, sicher aber das renommierteste Bierfest schlechthin. Neben vielem Drum und Dran zählen am Ende der sechzehn Tage doch nur zwei Fakten: Wie viele Besucher waren da und wie viele Liter Bier rannen die durstigen Kehlen hinab? – Millionen.

dennoch hat der Maßkrug eine Sollbruchstelle und das Münchner Oktoberfest – es ist das größte Bierfest der Welt – ein großes Sanitätszelt.

München wird immer als Hauptstadt des Bieres gesehen, dabei wird das meiste Bier in Deutschland in Dortmund gebraut und in München dafür der meiste Wein getrunken. „In München steht ein Hofbräuhaus …“ singt man von Tokio bis Vancouver unverdrossen auf Volksfesten, und die Tradition, in Bayern das Bier aus Literkrügen zu trinken, findet weltweit größte Beachtung. „Die Maß“, wie es auf gut bayerisch heißt, und ihre Wirkung werden gerne unterschätzt, doch ist sie immer noch das Symbol für Wirtshausgemütlichkeit.

Bier spielte und spielt allerorten eine große Rolle. Da gab es die Deichgrafen der „Theelacht“ in Friesland, die nicht nur eine eigene Gerichtsbarkeit hatten, sondern auch das Recht, ihr eigenes Bier zu brauen; da gibt es den Europäischen Gerichtshof in Luxemburg, wo sich die europäischen Brauer härteste Schlachten liefern, wer wo sein Bier verkaufen darf und wie es gebraut werden muß. Dabei wären die über 200 Biersorten der Belgier auch in Deutschland eine Bereicherung, und ein herbes Pils aus dem Norden wird manchmal auch im Süden sehr geschätzt.

Die Vielzahl der Bierspezialitäten sind ein Reichtum, der jeden „Bierforscher“ in höchste Begeisterung versetzt. Bier ist kein „Proletengetränk“, wie gerne fälschlicherweise behauptet wird, denn auch unter Akademikern spielt Bier eine ernstzunehmende Rolle. Was sonst würden die Herren Studiosi trinken, ja, man verleiht sich in diesen hochakademischen Kreisen den „Bierzipfel“, was weder eine Krankheit noch eine anatomische Mißbildung ist, sondern eine Anerkennung allererster Güte für durchaus mann- und standhaften Bierkonsum.

Bier in jeder Form wird in allen gesellschaftlichen Schichten getrunken. Der eine liebt das Export oder Helle aus der „Maurerflasche“, der andere genießt aus einem hauchdünnen Kelch sein „Premium-Pilsener“, feiner und weicher als mancher Champagner.

Bier ist das Getränk, das aus den meisten und unterschiedlichsten Behältnissen getrunken wird, ob aus der Maß, dem Weißbierglas, aus Flöte oder Stängchen, aus der Flasche oder Dose.

Zwei Eindrücke aus kleineren Brauereien: Im schwäbischen Oberndorf hat der Braumeister soeben eine Sudprobe aus dem beeindruckenden Kessel gezogen.
Und ohne automatische Flaschenabfüllanlage kommt man auch im oberbayerischen Aying längst nicht mehr aus.

Zur nächsten Doppelseite: „Wer zählt die Deckel, nennt die Namen?" – frei nach Friedrich Schiller. Unter den zahllosen Biermarken sind sicher einige, die es heute gar nicht mehr gibt.

TRAUNSTEIN
ZWIESEL
LÖWENBRÄU NEEB UNTERSCHLEICHACH
KRONENBRÄU
FLETZINGER
ARCO - BIERE ADLDORF
REINSBERGER BRÄU SCHÖNBERG / NDBY.
SCHLOSSBRAUEREI
THAMETSBICHLER BRAUEREI ASCHAU
BRAUEREI HACKLBERG PASSAU
BRAUEREI FALTER
BAYERISCHE BIERBRAUEREI A.G.
BRAUEREI C. FRANZ RASTATT
BRAUEREI SCHEMPP
KLOSTER-BRAUEREI BERGEN
KLOSTERBRAUEREI G.m.b.H. POLLING
J. FUCHS BRAUEREI STEPPACH
BRAUEREI PÜRNER
SCHLOSSBRAUEREI HASELBACH
SONNENBRÄU
SCHLOSSBRAUEREI FÜRSTENECK
LÖWENBRÄU BAD WÖRISHOFEN
KLOSTERBRAUEREI
Brauerei Bauer
Rosenbrauerei Kaufbeuren
BRAUEREI Heilbronn a. N.
HIRSCHBRAUEREI
WEISSBIERBRAUEREI HUBER FREISING
J. FUCHS BRAUEREI STEPPACH
Schloßbrauerei Wiesenfelden
LÖWENBRAUEREI FR. ERHARD & CO.
FLETZINGER
SCHLOSSBRAUEREI
MAISEL BRÄU BAYREUTH
BÜRGER-BRÄU GRAFENAU
LÖWENBRAUEREI FREIBURG i/B.
POSTBRÄU THANNHAUSEN
HENNINGER KARAMALZ
KRUG Ebelsbach
HANS RIED KEMPTEN
SCHLOSSBRAUEREI
CAULIER BRUXELLES
POSTBRÄU
FLENSBURGER BRAUEREIEN
KLOSTER BRÄU
Schwarz Bräu
FISCHBRÄU MASSING
PULS-BRÄU WEISMAIN
BAYER. STAATSBRAUEREI WEIHENSTEPHAN
SCHLOSSBRAUEREI
GEBR. KRAUSS Brauerei RIEGGACH
Wagner-Bräu
THAMETSBICHLER BRAUEREI ASCHAU
BRAUEREI JSEN SCHNELLINGER
BÄRENBRÄU MÜNCHBERG BAYERN
HOFBRÄUHAUS DILLINGEN
Brauerei Wasserburger Dingolfing
Brauerei Bamberg
BRAUEREI GANTER FREIBURG
G. FRIEDMANN BRAUEREI GRAFENBERG
LÖWENBRÄU MÜNCHEN
Rosenbrauerei Kaufbeuren
M. Leibinger
BRAUEREI KEPPELER PEITING
Poschl-Bräu Passau
PÜRNER
Gg. Kasmhuber
Josef Einsle Krumbach
BRAUEREI J. BAUMGARTNER
SCHLOSSBRAUEREI
BRAUEREI WERKENDORF
BIBERBRÄU
HALLER LÖWENBRÄU
HELL-BRÄU ALTÖTTING
Bräuwastl WEILHEIM
Glossner-Bräu Neumarkt
ARCO - BIERE ADLDORF
BÜRGERBRÄU REGEN
HACKERBRÄU MÜNCHEN
BRAUEREI LASSER LÖRRACH
SCHLOSSBRAUEREI
TEISSANO TEISENDORF
THAMETSBICHLER BRAUEREI ASCHAU
POSTBRAUEREI NESSELWANG
WEIZENBIERBRAUEREI DEGGENDORF
Franken-Bräu
BRAUEREI MICHAEL BAMBERG
BRAUEREI STAMMLER VELDEN / VILS
HAIGERLOCHER SCHLOSSBRÄU
Heurich-Bräu Bischofsheim
SCHLOSSBRAUEREI GOSSERSDORF
RAITENHASLACH
Brauhaus Garmisch
ADLER-BRAUEREI
HEURICH BRÄU
Bräuwastl WEILHEIM
SCHLOSSBRAUEREI
MÜNCHEN

M.C. WIENINGER Brauerei TEISENDORF
OTTO NOTHHAFT & SOHN MARKTREDWITZ
BRAUEREI HACKLBERG PASSAU
BRAUEREI MERTINGEN
PANTLBRÄU MURNAU
KLOSTERBRÄU KB ST. VEIT
BRAUEREI SAUTER OTTENWEILER
HÄRLE
Tucher
JOS. SCHEMPP BRAUEREI BOBINGEN
GEORG MEYER I. WEIZENBIERBRAUEREI NÖRDLINGEN
Erdinger Weißbräu
GESELLSCHAFTSBRAUEREI Viechtach
SCHLOSSBRAUEREI PÖRNBACH
BRAUEREI LANDAU A/ISAR KRIEGER
Brauerei Kneuer Königshofen
ENGADINER BIER
BRAUEREI Z. GOLD. GANS AUGSBURG
BRAUEREI AYING
BRAUEREI DÜLL GNODSTADT
Gustav Hüttinger Pforzheim
HUSUMER BIER
ADLER-BRAUEREI HAILTINGEN
ZOLLER-BRÄU SEIT 1845
NOPPINGERBRÄU OBERNDORF
SCHLOSSBRAUEREI BIRNBACH
Brauerei Lichtenfels
FRANZ FUCHSBÜCHLER KLOSTER INDERSDORF KLOSTERBRAUEREI
OCHSEN BRAUEREI
Klosterbrauerei ETTAL
SCHLOSSBRAUEREI JETZENDORF
ULMER BRAUEREI GESELLSCHAFT ULM
SCHLOSSBRAUEREI G. KELL WÖRTH A/SAR
BRAUEREI C. WITTMANN LANDSHUT
Löwen-Bräu
SCHLOSSBERG DACHAU
Trink SCHERDEL Edelhell
GESELLSCHAFTSBRAUEREI Viechtach
PRÜGELBRÄU AUGSBURG
Sonnenbräu Lauingen
POSTBRÄU HOLZKIRCHEN
Z. GOLD. GANS AUGSBURG
BRAUEREI Taufkirchen a/V. GENOSSENSCHAFT
Speidel
POSTBRÄU FRONTENHAUSEN
BRAUEREI HÄRLE LEUTKIRCH
Brauerei-Eigentum Flasche Rückgabepflichtig
BRAUEREI RIEGER ENGOLDING
BRAUEREI AYING
Reichelbräu Kulmbach
BRAUEREI LINDEMANN
KRONENBRÄU DONAUWÖRTH
PRÜGELBRÄU AUGSBURG
HASENBRÄU AUGSBURG
MONINGER KARLSRUHE
BRAUEREI MITTENWALD
GEORG PFLANZ Brauerei z. Hecht BOPFINGEN
Brauerei Plank Laaber
SONNEN-BRÄU W. Köhler SCHONGAU
BRAUEREI STADLER FRIDOLFING
AUERBRÄU A.-G. ROSENHEIM
ZIRNGIBL BRAUEREI BAD ABBACH
WEISSBRÄU OBERAUDORF
HOFBRAUHAUS BERCHTESGADEN
HOFTER
BÜRGERBRÄU REGEN
BRAUHAUS-RAIN
JOSEF SCHORLE BIERBRAUEREI ODENHEIM
FUCHS-BRAUEREI
WINKLER SCHLICHT
Kronenbräu I. Ruhland
JOS. FUCHSBICHLER
BRAUEREI SCHNITZLBAUMER TRAUNSTEIN
Speidel
FELDSCHLÖSSCHEN

Bier gibt es immer und überall, Bier paßt zu beinahe allen Gelegenheiten. Und gut, wenn man Zeit und Muße hat, in so einem herrlichen Biergarten wie dem von Kloster Weltenburg an der Donau (rechts) das dort gebraute, dunkle Bier zu einer kräftigen Brotzeit zu genießen.

Bier gibt es immer und überall. Und das ist auch gut so. Man muß nur zwei Worte aussprechen können: ein Bier. Und das wird fast weltweit verstanden. Nicht unbedingt weltweit verstanden werden dagegen verschiedene Redewendungen aus verschiedenen Jahrhunderten, die in der deutschen Umgangssprache auf das Bier Bezug nehmen. So spielt vor allem das „saure Bier“ als sehr aussagekräftiges Bild für alles Unangenehme, Widrige und Schlechte des menschlichen Lebens im Volksmund eine tragende Rolle: „Etwas wie saures Bier anbieten“ bedeutet etwa soviel wie: eine wertlose Sache mit viel Trara und wortreich zu Minimalpreisen, im Endeffekt aber vergeblich und werbeunwirksam anbieten. Will man sich gegenseitig schlechtmachen, so „ruft man einander das saure Bier aus“. In periodischen Abständen verflucht man sich gegenseitig oder „verruft einem das Bier“ mit übler Nachrede, und wenn dann der Gescholtene „ein Gesicht wie saures Bier macht“, bezeugen der Ärger und die Galle, daß einem das „Bier sauer aufgestoßen“ ist. Andere hingegen „kommen dennoch beim sauren Bier zusammen“, und zwar, um sich über strittige Angelegenheiten auszutauschen. Gerät man sich hierauf vollends in die Haare bis zur Handgreiflichkeit, „ist das Bier endgültig ausgeschüttet“.

Eine ganz spezielle, bis zum Jargon kultivierte und eigenständige Form, mit dem Bier nicht nur handgreiflich als Getränk, sondern symbolisch als Sprachinstrument zu operieren, verdanken wir Studenten zu allen Zeiten und von unterschiedlichster Couleur. Diese titulierten sich gerne mit Bezeichnungen wie „Bierjunge“ oder „Bierschisser“, „Bierbank“, „Bierbaß“, „Bierbauch“, „Bierheld“.

Bei besonders verrückten Einfällen spricht man, quasi analog zur berühmten „Schnapsidee“, von einer „Bieridee“. Auch der „Bierknoten“ der Studenten, also der Adamsapfel, ist berüchtigt, und wenn der betreffende Trinkfeste doch einmal umfallen sollte, sprich: eventuell nach einem weiteren Versuch, zwanzig Halbe ex und hopp zu leeren, so nennen ihn seine Kommilitonen eine „Bierleiche“. Der alten Griechen „Ataraxie“, die Unerschütterlichkeit, wird locker und frei übersetzt zur „Bierruhe“, die denjenigen, der sie und eine Halbe Bier hat, vor der Unbill des üblichen

Erst nach einiger Übung dürfte gelingen, was vor allem in Hannover der Brauch ist: Lüttje Lage. *Dabei werden gleichzeitig ein Bier, meist ein Alt, und ein Weizenkorn getrunken, mit beiden Gläsern in einer Hand. – Wer braucht noch eine Anleitung? Hier ein Zitat aus dem Jahr 1526: „Legg den Kopp innen Nacken, nix wie rin in't opene Muul – mee vulle Backen!“*

Uni-Stresses bewahrt. Sollte sich dieser dennoch dank bevorstehender Prüfungen langsam durchsetzen, kann dies nur am „Biertisch“ ausgeglichen werden, indem frei nach dem Motto: „Ein leerer Bauch studiert nicht gern“ der Eifer schlicht in „Biereifer“ übergeht. Kommt ein Student einmal zu spät zur Vorlesung, „kommt er eben, nachdem das Bier schon getrunken ist“, was wiederum eine unter Umständen fatale, meist jedoch freudige Assoziation zur nächstgelegenen Bierkneipe nach sich ziehen kann.
In manchem Landstrich meint man ja, das Bier könne nicht ohne Schnaps getrunken werden, andernfalls müßte man es „trokken runterwürgen“. Hier wurde das gängige Bild vom Herunterwürgen trockenen Brotes verflüssigt und – ob zu Recht oder nicht – einfach auf das entsprechende Getränk übertragen.
Und dann gibt es wieder andere, die einfach „aussehen wie Weißbier“ oder auch, wie der Berliner kundtut, „wie Braunbier mit Spucke“. Damit steht allerdings nicht die Qualität des Getränks zur Disposition, wie der Bierlaie vielleicht fälschlicherweise annehmen könnte, sondern der blasse Teint des Trinkers. Das freilich ist ein starkes Stück, ein „starkes Bier“, aber da er selbst schuld daran ist, „hat er sich das Bier selbst gebraut“.
Manche beschwören dann das Schicksal mit „wäre doch das Bier wieder im Fasse!“ Eine späte Einsicht, daß etwas besser nicht geschehen sein möge, wie beispielsweise, daß das Bier mit Wasser verdünnt wurde. In diesem Falle „ist das Bier über eine Brücke (durch einen Graben) gefahren“.
Der kritische Biertrinker könnte daraufhin auf die Idee verfallen, überhaupt „eine Bierreise zu unternehmen“, also mehrere Kneipen hintereinander zu besuchen und dementsprechend verschiedene Biere anzutesten. Auf eine solche Bierreise wollen wir uns nun – andersherum gedacht – ebenfalls begeben. Folgen Sie uns also in die Vorzeit, in die Frühgeschichte des Bieres!

Eine kleine Biergeschichte

Spelzen und andere größere Trübstoffe im Bräu veranlaßten die alten Syrer und Ägypter, ihr Bier stets mit Saugröhrchen zu trinken. Die Darstellung auf bemaltem Kalkstein ist zu sehen im ägyptischen Teil des Bodemuseums zu Berlin.

Und noch eine Anmerkung: Geschichtsbewußt und experimentierfreudig erwies sich Anfang 1993 die Karlsruher Brauerei Hoepfner. Monatelang wurden verschiedenste Getreidekombinationen und Gewürze getestet, ehe man in der stilechten „Nacht von Susa" einem internationalen (Fach-) Publikum drei den Sumerern nachgebraute Sorten „Kas" kredenzte. Die Urteile reichten von: „Dann doch lieber Pils Jahrgang 1993!" bis „sehr gut!"

Angefangen hat wohl alles um 8000 vor Christus. Ein vergeßlicher Bäcker der Jungsteinzeit läßt seinen Brotteig zu lange in der Sonne stehen, der Teig wird flüssig und beginnt zu gären. Mit Todesverachtung kostet der Bäkker, ohne zu ahnen, daß er soeben das Bierbrauen erfunden hat, aber es scheint ihm geschmeckt zu haben, wie die Geschichte zeigt. So – oder so ähnlich – könnte der Gerstensaft entstanden sein.

Etwa 4000 Jahre später sind im Zweistromland zwischen Euphrat und Tigris Menschen seßhaft geworden und nannten sich nun Sumerer. Ihre hochentwickelte Kultur zeigte sich auch in der Vielfalt der Biere. Die sumerischen Frauen tranken Bier aus Emmer – einer dem Dinkel ähnlichen Weizenart.

Es gab auch Mischbiere, und darüber hinaus wurde das Bier mit den verschiedensten Gewürzen versetzt; allein den Hopfen kannte man entweder noch nicht oder wollte ihn nicht zum Brauen verwenden. Der Bierkonsum war enorm, so daß bisweilen die Hälf-

Im Pariser Louvre steht eine über 2 Meter hohe Gesetzessäule aus schwarzgrünem Diorit, voller Paragraphen in Keilschrift. Der babylonische König Hammurapi (links) regelte damit vor knapp 3700 Jahren auch alles, was für seine Untertanen mit Bierbrauen und Biertrinken zu tun hatte. Eine Nachbildung der Säule können Sie im Museum von Schwaben Bräu in Stuttgart bewundern – auch wie der Sonnengott Schamasch dem irdischen Herrscher die Machtsymbole überreicht.

te der gesamten sumerischen Getreideernte in Malz verwandelt und in Bier umgesetzt wurde.
Bei Todesfällen und wenn man einen Grabstein bekam, war darauf ein Diener abgebildet, der die Götter mit Bier nachsichtig stimmen sollte. Begräbnisse waren gesellschaftliche Ereignisse, man trank gemeinsam, und der Priester wurde mit Bier und Brot für seine Dienste entlohnt. Offenbar wußte man auch damals schon über die gesellige und enthemmende Wirkung des Bieres gut Bescheid.
Nachdem die Babylonier im 2. Jahrtausend v. Chr. die Sumerer unterwarfen, machten sie sich unter anderem in der Technik des Bierbrauens kundig. Sie brauten bald an die zwanzig verschiedene Biere, davon allein acht aus Gerste. Und es gab bereits Markenbezeichnungen wie Gemes Weißbier, Dünnbier, Schwarzbier, Rotes Bier, Prima Bier und sogar Lagerbier, das damals schon exportiert wurde. So wurde es Zeit für die ersten Biergesetze.
Und die waren streng! Der babylonische König Hammurapi (1728 bis 1686 v. Chr.) ließ sie in seine berühmte Gesetzessäule meißeln. Bierpanschern zum Beispiel sollte man so lange von ihrem eigenen Gebräu zu trinken geben, bis sie daran jämmerlich erstickten. Politische Diskussionen in öffentlichen Schenken mußten die Wirte mit dem Leben bezahlen.
Neben diesen eher rauhen Maßnahmen ist auch überliefert, daß fast alle Heilmittel in Bier aufgelöst und getrunken wurden. Doch allein der Hopfen fehlte immer noch.
Nichtsdestotrotz eroberte das Bier nun auch die ägyptischen Gaumen. Die Nachfrage nach diesem wunderbaren Getränk stieg drastisch an, und so kaufte man es eben bei den Babyloniern ein. Bier wird bekanntlich auf langen Wegen auch nicht eben besser, und so blieb den Niltalbewohnern nichts anderes übrig, als das Bier selbst zu brauen.
Bier wurde schnell zum Volksgetränk, zu einer Art Grundnahrungsmittel. Zumindest bedeutet das altägyptische Schriftzeichen für Mahlzeit wörtlich übersetzt soviel wie „Brotbier“. Diese Gleichsetzung von Nahrung, Brot und Bier ist also alt.
Obwohl der Bierkonsum im alten Ägypten immer sehr hoch war, kam über Jahrtausende kein Pharao auf die Idee, das Bier zu besteuern. Dies ersannen erst die Ptolemäer, deren bekannteste

Tochter Kleopatra (69 bis um 30 v. Chr.) war. Sie wollten nämlich wieder Pyramiden bauen und brauchten dafür Geld. Also wurde die erste Getränkesteuer der Welt eingeführt. Offizielle Begründung für die neue Abgabe war natürlich, die allgemeine Trunksucht einzudämmen. Ob sie tatsächlich so verbreitet war, wissen wir nicht sicher. Es ist aber anzunehmen, daß bereits das ägyptische Bier kräftig benebelte, denn ein „Dizythos“ genanntes Starkbier war längst üblich. Mit dem Königshaus der Ptolemäer ging es zwar bald danach abwärts, aber der Gedanke an eine Biersteuer war geboren und ließ sich seit damals auch nie mehr aus der Welt schaffen.

Über die Griechen und Römer gelangte das Bier schließlich nach Mitteleuropa. Von Publius Cornelius Tacitus (um 55 bis nach 115) wissen wir einiges über die Germanen. Daß die ganz gern ein Hörnchen Bier über den Durst tranken, ist allgemein bekannt. Tacitus kam zu dem Schluß, daß man den Germanen genausogut mit der Lieferung von *cervisia* (Bier) den Garaus machen könne wie mit dem *pilum* und dem *gladius* (Speer und Schwert). Wir können das als einen Vorschlag zur Humanisierung der Kriegführung auffassen – oder auch nicht. Eher befremdet uns heute die Art des Gebräus, das sich die Germanen so gut schmecken ließen. Sie nahmen als Bierwürze alles, was ihnen als geeignet erschien, beispielsweise Eichenrinde, Eschenlaub und Ochsengalle.

Diese ungewöhnlichen Bierverfeinerungen änderten sich auch nicht wesentlich, als die ersten Mönche nach Germanien kamen. Die experimentierten sogar weiter, unter anderem mit Wacholder, Blaubeeren und Pilzen.

Ein kleiner Schritt in Richtung unserer heutigen Biere war im Jahr 786 sicher schon getan, als in einer Urkunde Pippins III. zum erstenmal Hopfengärten erwähnt wurden. Immerhin betrieben die Mönche ihr Handwerk systematischer als die privaten Hausbrauereien. Sie überlieferten ihre durch Versuch und Irrtum erworbenen Erfahrungen schriftlich. Und die Qualität der Klosterbiere wurde dank des Hopfens stetig besser. Für die frommen Brüder war es auch eine Überlebensfrage, gutes und kräftiges Bier zu brauen, denn wie sonst hätten sie die langen Fastenzeiten überstehen sollen? Im warmen Italien mag Fasten ja noch angehen, aber im

Bierbrauen war im Ägypten des 3. Jahrtausends v. Chr. schon ein hochangesehenes Handwerk: Anlaß genug, den Beruf des Brauers in einer tönernen Grabbeigabe festzuhalten.

kalten Germanien? Trotzdem wurden für die Mönche im Norden die Fastenregeln nicht wesentlich gelockert. So kam es zu den ersten Starkbieren, und der Ausdruck „Bier ist flüssiges Brot“ wurde geboren. Ein Glück für die Mönche, daß auch der klerikale Grundsatz „Flüssiges bricht das Fasten nicht“ galt! Dem Papst, der diesen Grundsatz hätte abändern können, wurde das Starkbier in weiser Voraussicht vorenthalten. – Vielleicht stimmt die alte Geschichte aber doch, die da lautet: Das im Mittelalter in Klöstern erfundene, nahrhafte Starkbier soll nur daher einem päpstlichen Bann entgangen sein, weil es auf dem langen Weg im Fäßchen über holprige Wege von Deutschland nach Rom sauer geworden sei. Sollte am Heiligen Stuhl davon probiert worden sein, so dürfte man höchstens Mitleid mit den Mönchen empfunden haben. 817, beim Aachener Konzil, wäre aber das Bier doch fast für die Mönche verboten worden, wenn nicht ein findiger Kopf auf die rettende Idee gekommen wäre, Bier als Heiltrank zu deklarieren. Also wurde auf dem Konzil bezüglich des Biers nur noch festgelegt, wo die Obergrenze des täglichen mönchischen Verbrauchs zu liegen habe. Demnach bekam auch im bitterärmsten Kloster ein Mönch täglich über einen Liter Bier, neben einem halben Liter Wein. In reichen Klöstern gestand man den glücklichen Bewohnern oft die dreifache Menge täglich zu. Und nicht wenige Klöster machten gute Geschäfte mit Bier. So sicher auch die Brauerei im Kloster Weihenstephan bei Freising. Als ihr Gründungsjahr wird das Jahr 1040 angegeben. Weihenstephan wäre somit der älteste, erhaltene und noch brauende Betrieb der Welt. 1803 wurde die Klosterbrauerei von weltlichen Herren übernommen, mit einer Landwirtschaftsschule verbunden, und heute gehört Weihenstephan zur TU der Stadt München. Aber was für ein Bier war das damals, kurz vor und nach der Jahrtausendwende? Nicht zu vergleichen mit heutigem, unter sehr ähnlichen Bedingungen und im industriellen Maßstab hergestellten Bier. Damals braute man bei normaler Raumtemperatur, manchmal noch ohne Zusatz von Hopfen. Die Hefepilze, kleinste, für Gärung und Alkoholentwicklung verantwortliche Organismen, waren zwar stets beteiligt, aber in ihrer Wirkung noch lange nicht zuverlässig in den

„Bruder Braumeister im Bierkeller“ nannte Eduard Grützner sein 1902 entstandenes Bild.

Daß die niedersächsische Stadt Einbeck vor gut 600 Jahren eine Hochburg des Starkbiers war, wird heute noch jährlich gefeiert: mit dem Anstich des Maibocks und einem historischen Handwerkermarkt.

Griff zu bekommen. So entstand oft ein Bier, dessen Schaum schnell zusammenfiel, das je nach Getreide für die Herstellung von Malz mal heller, mal dunkler war – ein Getränk aber auch, das schon einmal abgestanden schmecken konnte, obwohl es ganz frisch gebraut und eben erst ausgeschenkt war.
Noch war das Brauen kaum geregelt. Aber bald beanspruchte die Obrigkeit für sich, einzelne Privilegien wie das Braurecht nach ihrem Gutdünken zu vergeben. In der Tat wurden solche Gesetze vor allem zum Schutz des einfachen Volkes vor betrügerischer Bierpanscherei erlassen. So wies Kaiser Friedrich I. (Barbarossa) den Burgvogt von Augsburg im Jahre 1156 an, fünf Gulden Strafe zu verhängen, wenn schlechtes Bier ausgeschenkt würde. Rund hundert Jahre später erließ Herzog Ludwig von Bayern eine Schankordnung. Das wird nicht der einzige Anlaß gewesen sein, ihm den Beinamen „der Strenge" zu geben. Und 1363 wurden zwölf Mitglieder des Münchner Stadtrates bestimmt, die von nun an für die Bieraufsicht zuständig waren.
In Norddeutschland indes braute man bereits seit dem 13. Jahrhundert gutes und gesundheitlich einwandfreies Bier. Vor allem in den Hansestädten entwickelte sich ein regelrechter Bierboom. Während in Hamburg und Lübeck schon längst Ratskeller eingerichtet waren, in denen bei Ratssitzungen hauptsächlich Bier ausgeschenkt wurde, versuchten 1347 die Münchner Brauer vergeblich, sich zu einer Zunft zusammenzuschließen: Sie waren schlichtweg zu wenige. In Norddeutschland war Bier ein Haupthandelsartikel, auch zum Beispiel für die Schiffe der Hanse. In München dagegen gab es 1372 ganze 21 Brauer, die obendrein im Sommer einem anderen Broterwerb nachgehen mußten.
Einbeck, eine kleine Stadt im heutigen Niedersachsen, hatte um die gleiche Zeit schon einen legendären Ruf als Brauereihochburg errungen. Seit dem 14. Jahrhundert lieferten die Einbecker ihr kräftiges, haltbares Bier an deutsche Fürstenhöfe, seit 1550 regelmäßig gar nach München. Auch die Geistlichkeit liebte dieses Bier. So soll Martin Luther, als er 1521 vor den Reichstag in Worms zitiert worden war, vom Herzog von Braunschweig ein Faß Einbecker „zum Trost und zur Stärkung" erhalten haben. Und als Luther 1525 seine Katharina hei-

Musikanten untermalen die tagelange Veranstaltung mitten in Einbeck.

Die Brauerzunft in München hatte schon immer große Bedeutung und ein ausgeprägtes Selbstbewußtsein: Zunfttruhe, Zunfthumpen und Aufdingbuch zeugen davon.

ratete – die hatte sogar im Kloster das Handwerk des Brauens erlernt –, bekamen die beiden von der Stadt Wittenberg Einbecker Bier als Hochzeitsgabe.
Einbeck besaß den Ruf nicht allein, hervorragendes Bier zu brauen. In vielen norddeutschen Städten verstand man sich ebenso darauf, vor allem durch den Einfluß und die Selbstkontrolle der Zünfte. Als im 15. Jahrhundert sich die ersten der großen Entdekker auf ihre weiten Wege machten und nach haltbaren Lebensmitteln verlangten, lieferte Norddeutschland das entsprechende Bier. Außer Einbeck wurde hierbei von 1492 an Braunschweig führend. Christian Mumme war es dort gelungen, sein berühmtes Malzbier zu entwickeln. Es enthielt so viel Stammwürze, daß es monatelang haltbar war und den stärksten Seebären umwarf. Kein Wunder, daß es zum Lieblingsgetränk der Matrosen wurde und den Weg bis nach Ostindien fand.
In Süddeutschland hingegen hatte noch 1434 der Fürstbischof von Würzburg das Brauen „uff ewiglich" verbieten können, und seine braven Untertanen hielten sich an dieses Verbot, das immer wieder erneuert wurde – über zweihundert Jahre lang!

Anfangs holten die süddeutschen Brauer den Vorsprung ihrer norddeutschen Konkurrenten nur langsam auf. Bis weit in das 16. Jahrhundert gab es für die Fürsten Anlaß genug, sich um die Gesundheit ihrer Untertanen nach dem Genuß schlechten Bieres zu sorgen. Dabei hätten kühle Keller im fränkischen Sandstein und Eishöhlen am Alpenrand eigentlich schon immer gute Voraussetzungen geboten: für das Brauen lang haltbaren Bieres und seine sachgemäße Kühlung über Monate, in den „durstigen" Sommer hinein. Nur wußten die bayerischen Brauer diesen Vorteil noch nicht recht zu nutzen. Die Vormacht des Weines war zu stark, namhaftes Bier wurde aus Einbeck oder anderen norddeutschen Brauereimetropolen eingeführt, und im Land selbst fehlte es an einheitlichen Rahmenbedingungen. Dies sollte sich aber ändern, und dazu der Reihe nach: Der Ruf des bayerischen Bieres wurde am 23. April 1516 begründet. An jenem Tag verfügten Herzog Wilhelm IV. von Bayern und sein mit ihm regierender Bruder Ludwig X. das Gebot „Wie das pier summer un winter auf dem Land sol geschenckt und prauen werden". Nur Gerstenmalz, Hopfen und Wasser waren erlaubt. Seit diesem Termin, als der Landständetag in Ingolstadt zusammenkam, erlangte das Reinheitsgebot für ganz Bayern Gültigkeit. Es hatte aber vom Inhalt her einige lokale Vorläufer: 1447 verlangten die Münchner Stadträte bereits dasselbe von den Brauern. Herzog Albrecht IV. bestätigte 1487 diese Forderung – aber noch allein für München. Herzog Georg der Reiche legte für sein Herzogtum Bayern-Landshut im Jahre 1493 fest, daß nichts weiter als die drei Grundstoffe Malz, Hopfen und Wasser zu verwenden seien, „bei Vermeidung von Strafe an Leib und Gut". 1507 verbot eine Ratsverordnung der Bischofsstadt Eichstätt, „alle diese den Kopf tollmachenden Kräuter" ins Bier zu mischen, allenfalls etwas Kümmel, Wacholder und Salz waren erlaubt.

Mit dem historischen Gebot von 1516 wurde die Qualität des Biers in ganz Bayern schnell viel besser. Parallel zu den Inhaltsstoffen wurden die Preise festgelegt und vereinheitlicht: ein Silberpfennig im Winter, zwei im Sommer für die Maß Bier. Und die Zeit zum Brauen wurde auf die kühleren Monate beschränkt, zwischen Michaeli (29. September) und Georgi (23. April) – Tribut an die Schwierigkeiten, im warmen Sommer die Gärprozesse im Zaum zu halten. Von der Hefe war bisher nicht die Rede. Man wußte zwar im 16. Jahrhundert bereits, daß Bier nicht von alleine gärt, doch waren die Brauer dem Zufall ausgeliefert. Die mikroskopisch kleinen Pilze verrichteten ihr Werk weitgehend unbeeinflußbar, nicht selten in unerwünschte Richtung.

Aber schon 1551 erließ man in München eine Brauordnung, die zusätzlich zu Gerste, Hopfen und Wasser bestimmt: „... und hepffen, einen rechten sutt und kielung geben, auch die untergier (= Untergärung) geben." Die Brauer kannten also bereits unterschiedliche Hefen, sie begannen, eigene Hefestämme zu züchten und zu hüten, und sie verrieten die geheimen Braurezepte höchstens ihren direkten Nachfolgern. Mancherorts – so in Augsburg – ging man aber einmal zu weit und verbot die alte Art des obergärigen Brauens ganz.

Kleine Abschweifung in die Gegenwart: Das Brauen mit obergäriger Hefe ist bis heute, besonders in wärmeren Regionen, weit verbreitet. In Köln gibt es das Kölsch, am Niederrhein das Alt, in Bayern das Weizenbier. Nicht

Die Natur der Hefe konnten die Brauer anfangs noch nicht erklären. Ihre Wirkung wurde erst im 16. Jahrhundert allmählich klar definiert. Obergärige Hefe arbeitet bei normaler Raumtemperatur von 18 bis 22 °C und steigt zum Schluß im Gärbottich nach oben, wo sie abgeschöpft wird. Untergärige Hefe erfordert niedrige Brautemperaturen von etwa 5 bis 10 °C, ist deshalb als erstes in Eishöhlen und kalten Felsenkellern Bayerns verwandt worden. Diese Hefe sinkt im Bottich ab.

zu vergessen die zahlreichen, sehr individuellen obergärigen Biere beispielsweise der Belgier und Engländer.
Doch wir wollen in der kleinen Biergeschichte fortfahren: In München wurde 1589 das erste Hofbräuhaus am Platzl gebaut, zunächst herzögliche Braunbierbrauerei, dann nach 1603 herzögliche Weißbierbrauerei und bald mit verschiedenen Exklusivrechten ausgestattet. Bier für den Hofstaat zu brauen, war das früheste Privileg, doch 1610 wurde Hofbräubier erstmals auch an Wirte und Privatleute verkauft. Starkes Bockbier nach Einbecker Vorbild herzustellen, folgte wenige Jahre danach, blieb sogar bis 1810 dem Hofbräuhaus vorbehalten. 1614 wurde Elias Pichler Braumeister im Münchner Hofbräuhaus. Pichler stammte aus Einbeck und ließ sich nach München abwerben. Hier braute er sein „Ainpöckisch" Bier, schnell fand dieses „Oanbock" und schließlich kurz „Bock" genannte starke Bier viele Freunde unter den Münchnern. Das heutige Mekka zahlloser Bierfreunde entwickelte sich für die Fürsten zu einer lukrativen Einnahmequelle. Konnte Herzog Maximilian I., als ein paar Jahre später der Dreißigjährige Krieg begann, doch einen großen Teil seiner Kriegskosten daraus bestreiten.
Von 1629 an brauten auch die Paulaner, die Mönche aus Neudeck bei München, ihr erstes Starkbier. Das war schon mitten im Dreißigjährigen Krieg, der in Deutschland tiefgreifende Veränderungen mit sich brachte. Uns interessieren hier nur seine Auswirkungen auf die Trinkgewohnheiten. In Norddeutschland wurden viele der besten Brauereien zerstört und in Süddeutschland die meisten Weinberge. Viele Jahre Arbeit hätten in die Anlage von neuen Weinbergen gesteckt werden müssen, nur damit später für die Enkel wieder genug Wein da wäre. Nein, zumindest die Bayern wollten sich möglichst rasch wieder etwas Feines zum Trinken gönnen und verlegten sich aufs Bierbrauen. So entwickelte sich Bayern zum Bierland und ist das bis heute geblieben.
Deutschland war lange Zeit in unzählige Klein- und Stadtstaaten zerteilt, und deren Zollschranken schützten auch die kleinste und unrentabelste Brauerei vor unliebsamer Konkurrenz. In den bayerischen Ländereien gab es schließlich über 4000 gewerbliche Brauereien, und alle hatten ihr

„La Servante de Bocks", in einer gängigen deutschen Übersetzung „Die Bierkellnerin", titulierte Edouard Manet sein 1878/79 entstandenes Bild. Zu dieser Zeit stand Bier in Paris beim Publikum hoch im Kurs.

Nicht jeder Sud gelang und schmeckte gleich. So war es üblich, wie hier bei Hoepfner in Karlsruhe Ende des 19. Jahrhunderts, Bier aus zwei oder noch mehr Fässern zu verschneiden. Die Kundschaft schätzte gleichbleibende Qualität.

Auskommen. Dabei war Bier damals gar nicht so billig.
Um 1800 wurde der Bierzwang abgeschafft, den auch die Zünfte lange zäh verteidigt hatten: Jeder konnte nun das Bier trinken, das ihm schmeckte, nicht mehr nur aus der nächsten Dorfbrauerei. Die Folge davon war ein großes Brauereisterben. Die Betriebe aber, die konkurrenzfähig waren, konnten bald immer besseres, immer mehr und immer billigeres Bier brauen. So wurde im 19. Jahrhundert das Bier „erwachsen“ und zu dem Getränk, wie wir es heute kennen.
Mit den technischen Voraussetzungen des späten 18. Jahrhunderts wäre der Aufschwung für die Brauereien sicher nicht von Dauer gewesen. Dazu bedurfte es einer Reihe von Verbesserungen, um haltbares, in Geschmack und Stärke gleichbleibendes Bier brauen zu können und ausreichende Lagerkapazität mit guter Kühlung bereitzuhalten.
Es begann damit, daß nach 1818 die (indirekte) Heißluftdarre die bis dahin übliche (direkte) Rauchofendarre mehr und mehr ersetzte: Das Malz wurde nicht mehr den Gasen des offenen Holzfeuers ausgesetzt, wodurch ihm stets ein mehr oder weniger kräftiger Rauchgeschmack anhaftete. Das alte Verfahren der Darre im Rauchofen wird heute nur noch vereinzelt für Spezialitäten wie das Bamberger Rauchbier angewandt.
Die nächste Erfindung nutzte der genauen Ermittlung der Stammwürze. Sie ist der Anteil Extrakt, die würzenden Festbestandteile in dem Biersud vor dem Vergären. 12 Prozent Stammwürze wären also 120 Gramm Malzzucker, Eiweiß, Mineralien, Vitamine, Aromastoffe auf einen Liter Bierwürze, wenn man das Brauwasser vollständig verdampfte. Die Stammwürze ist das entscheidende Maß für die Stärke – je höher, desto mehr Alkohol – und auch für den Geschmack eines Biers. 1843 erfand der Chemiker Balling die Bierspindel, eine Form des Saccharimeters. Mit ihm wird der Zuckergehalt einer wäßrigen Lösung durch Eintauchen des Meßgeräts direkt ermittelt, die Stammwürze also auf den Bruchteil von Prozenten genau bestimmt.
Wie zuvor angedeutet, war das untergärige Brauverfahren in Teilen Süddeutschlands schon länger üblich. Diese Biere sind aber nur bei niedrigen Temperaturen von deutlich unter 10 °C länger lager-

Es ist Jahrzehnte her, daß Pferdefuhrwerke regelmäßig Bier auslieferten. Die Brauerei Diebels in Issum bringt heute ihr edles Bräu auf andere Art unters Volk. Einige Brauereien, so Lasser in Lörrach oder Haake-Beck in Bremen, unterhalten aber noch solche liebenswerten Ställe für ihren Fuhrpark im Nahbereich.

fähig. Konnte sich eine Brauerei die Voraussetzungen dafür mit geräumigen, gekühlten Kellern schaffen, so war sie schnell in der Lage, große Mengen untergärigen Biers auch den Sommer über zu lagern.

Einmal – auch mit Hilfe der Eisenbahn – über die Grenzen Bayerns hinaus gelangt, wurde das untergärige Bier immer mehr verbreitet und beliebter. Dadurch drängte sich die Frage nach geeigneten Großkühlanlagen mehr und mehr in den Vordergrund. Mit Hilfe großer Mengen von Natureis, das im Winter aus Flüssen und Seen gewonnen wurde, in tiefen Kellern oder mit Berieselungsanlagen konserviert wurde, so war die Kühlhaltung der Biervorräte zwar ziemlich umständlich, aber auf jeden Fall spektakulär. Auch 1860 hatte sich das nicht sehr vereinfacht. Immerhin stellte in jenem Jahr eine Brauerei in Hannover eine große Eiskühlanlage auf, um ihr Bier besser durch den Sommer zu bringen. In anderen Orten weitab von Bayern, Franken und Oberschwaben zogen große Brauereien nach. Und erst gegen Ende des 19. Jahrhunderts verlor diese Methode der Kühlung in den größeren Betrieben ganz an Bedeutung. In kleineren Brauereien hielt man daran fest, solange es eben ging.

All diese Notbehelfe konnten rasch ersetzt werden, nachdem

Mit kühlen Kellern in heißen Sommern hängt auch die ursprüngliche Bezeichnung Lagerbier für alle untergärigen Biere zusammen. Heute heißt bei uns in der Regel das einfachste untergärige Bier einer Brauerei Lager. *Es braucht aber noch lange nicht nur „einfach" zu schmecken, im Gegenteil, oft wird es sogar ausgesprochen gut beurteilt.*

Carl von Linde 1873 seine erste betriebssichere Ammoniak-Kältemaschine fertiggestellt hatte. Die Brauerei Sedlmayr in München hatte ihn großzügig mit finanziellen Mitteln unterstützt und war deshalb die erste, die ihr Bier mit künstlich erzeugter Kälte frisch halten konnte.

Etwa in denselben Jahren kam Louis Pasteur einem weiteren Problem bei der Bierherstellung auf die Spur. Bis dahin konnte kein Brauer sicher sein, daß nicht Fäulniserreger das Bier sauer werden ließen. Pasteur gelang der wissenschaftliche Nachweis, daß nicht etwa böswillige Bierhexen für saures Bier sorgten, sondern mangelnde Hygiene. Früher hatte man dafür eine einfachere Erklärung: Bierhexen waren schuld! Zwar waren bis zu Pasteurs Erkenntnis schon über 250 Jahre vergangen, seitdem die letzte Frau deswegen auf dem Scheiterhaufen gestorben war. Doch nun wurde es wohl auch dem letzten Brauer klar, daß er sich sein Bier am ehesten mit Schmutz verdarb. Peinliche Sauberkeit hielt jetzt Einzug in das Geschäft des Brauens. Und die Kurzzeiterhitzung des Biers, das Pasteurisieren, wurde zumindest in großen Brauereien, die exportieren wollten, schnell üblich. Heute erhitzt man das Bier normalerweise auf etwas über 60 °C für jeweils 20 Minuten. In mehrstöckigen Tunnel-Pasteurisierungsapparaten können bis zu 100 000 frisch befüllte Flaschen in der Stunde behandelt werden.

1878 brachte Lorenz Enzinger einen Filtrierapparat auf den Markt, mit dessen Hilfe die Trübungsstoffe aus dem Bier entfernt werden konnten. Und zwei Jahre später wurde ein Verfahren patentiert, beim Bierausschank durch Kohlensäure Gegendruck zum Eigendruck des Biers zu erzeugen. Von nun an blieb das Bier im Faß bis auf den letzten Tropfen frisch. Weil diese Technik für die damalige Zeit außerordentlich beeindruckend war, machte mancher stolze Gastwirt mit einem Schild extra darauf aufmerksam. „Hier wird mit Kohlensäure gezapft" konnte dann der staunende Biertrinker über der Theke lesen.

Als schließlich der Däne Emil Christian Hansen 1881 zahlreiche Hefestämme entdeckte und ihm bald die Hefe-Reinzucht gelang, war der Weg zum heutigen Bier praktisch zurückgelegt. Durch Hansens Verfahren wurde es möglich, Bier herzustellen, das über Jahre fast immer den glei-

chen Geschmack hat. Vorbei waren auch die Zeiten, in denen durch einen einzigen mutierenden Hefestamm riesige Biermengen schlecht wurden.
Seit Hansens Zeit hat sich natürlich das Aussehen der Brauereianlagen noch verändert, aber die wesentlichen Entdeckungen und Erfindungen im Brauereiwesen waren gemacht. Bis heute entwikkelte sich die Bierbrauerei durch die zunehmende Kenntnis der chemischen und biologischen Vorgänge und durch die immer besseren technologischen Möglichkeiten vom handwerklichen Gewerbe weiter zum modernen Industriezweig. Gleichwohl sind die in den letzten Jahren wieder stark aufkommenden Gasthausbrauereien kein Rückfall in das 19. Jahrhundert. Sie verbinden modernste Technik mit dem Charme, den ein Handwerk wie das Brauen zweifellos ausstrahlt.

Auch die Brauerei Fr. Hoepfner in Karlsruhe setzte lange Zeit die Kühlung mit Natureis ein. Als Vorrat diente ein gewaltiger Eishaufen von 60 000 bis 80 000 Zentnern, das sind 3000 bis 4000 Tonnen, die mit Torf gegen sommerliche Wärme geschützt wurden.

Bierkunde für Einsteiger

Rechte Seite: Engländer, Schotten und Waliser schwören auf alle Arten Ale, *wenig schäumendes, obergärig im Faß vergorenes, kräftig bis stark gehopftes Bier, im Idealfall mit einer Handpumpe gezapft. Daneben gelten die* Bitter, *die zwar kräftig hopfenbitter, oft aber auch fruchtig bis malzigschwer schmecken können, als englisches Nationalgetränk.*

Bier ist alles andere als ein Einheitsgetränk. Allein in Deutschland gibt es über 1300 Brauereien. Sicher schmecken von der jeweils gleichen Sorte einige Biere selbst für erfahrene Fachleute völlig gleich, doch es gibt genügend Unterschiede – auch wenn genau das gleiche auf dem Flaschenetikett steht. Eben das macht ja den Reiz aus, verschiedene Biere zu probieren.

Grundsätzlich gibt es obergärige und untergärige Biersorten zu unterscheiden. Ausschlaggebend ist die jeweils verwendete Hefesorte. Untergärige Hefezellen sind etwas schwerer als die Sudflüssigkeit und setzen sich nach der Gärung am Gefäßboden ab. Obergärige Hefezellen schwimmen dagegen nach der Gärung nach oben.

Der entscheidende Unterschied liegt jedoch in der Gärtemperatur der Hefetypen: Obergärige haben es gerne etwas wärmer. Sie bevorzugen normale Zimmertemperaturen, also 18 bis 22 °C. Untergärige Hefe braucht dagegen die Kälte. Ihre Idealtemperatur liegt zwischen 6 und 10 °C, was im Sommer nur mit Kühlanlagen zu erreichen ist. Dies ist ein Indiz dafür, daß das obergärige Bier älteren Ursprungs sein muß als das untergärige und daß letzteres lange Zeit als „Winterbier“ galt. Im Sommer ging da nichts.

Obergärige Sorten sind die verschiedenen Ales, Altbier, Kölsch, Saisons und Stouts (Guinness), vor allem aber Weizenbiere. Die bei weitem größere Gruppe von Bieren ist hingegen untergärig und umfaßt solch berühmte Sorten wie Pilsener oder kurz Pils, Porter, Export (Helles), Märzen, Spezial, Bock und Doppelbock.

Besonders innerhalb der Gruppe untergäriger Biere gibt es erhebliche Unterschiede im Stammwürzegehalt: Zu den *Bieren mit niedrigem Stammwürzegehalt* zählen alle bis 7 Prozent Extrakt (früher: *Einfachbier* bis 5,5 %, dann eine Lücke). *Schankbier* enthält von 7 bis unter 11 Prozent (früher: 7 bis 8 %), *Vollbier* von 11 bis unter 16 Prozent und *Starkbier* mindestens 16 Prozent. Bis auf Bock und Doppelbock fallen alle oben genannten Sorten unter die Kategorie Vollbier.

Allerdings kommen Schankbiere, zumindest in Deutschland, mehr und mehr auf, leichte und alkoholfreie, und haben sich Marktanteile von einigen Prozent erobert. Allerlei Spielarten schöpfen die Bandbreite dieser nüchternen Zahlen voll aus: beispielsweise

DIÄT PILS
SKOL LAGER
BLACKTHORN CIDER
GUINNESS
OLD VIC
SMILES
PALE ALE
SMILES
BEST BITTER
SMILES
EXHIBITION
EXTRA STRONG BITTER

Biersorten und -typen aus aller Welt

Es sind – sofern bekannt – aufgeführt: Stammwürze in %, das Gärverfahren (u = untergärig, o = obergärig), Alkoholgehalt in Gewichtsprozent, Farbe, Charakter und abgekürzt Kohlensäure = CO_2

Bier mit niedrigem Stammwürzegehalt **bis 7 Stammwürze** **0,5–1,5 Gew.-% Alkohol**
hell oder dunkel, ohne Ausprägung

Schankbier **7 bis unter 11 % Stammwürze** **ca. 0,3–2,8 % Alkohol**
Berliner Weiße 7–8, o, 2,6, hell, schwach hopfenbitter, viel CO_2
Alkoholfreies, -armes und Leichtes 7,5–11, u und o (Weizen und Alt), 0,3–2,8, noch ohne ausgeprägten Charakter
Mild Ale *1 o, 2,1–3,0, dunkel, karamellig oder heller, mäßig gehopft

Vollbier **11 bis unter 16 % Stammwürze** **0,5 bis ca. 7 % Alkohol**
„Leichte Volle" und (wenige) **Alkoholfreie** 11–12, u und o, 0,5 bis ca. 3,0, hell, dunkel, vom Typ Export, Pils, Weizen
Bitter (Ale) o, 2,5–4,8, kupferfarben, (sehr) stark hopfenbitter, oft schwer-malzig
Pale Ale und Light Ale *1 o, ca. 3–4, kupferfarben, schwach säuerlich, scharf gehopft
Saisons o, ca. 4,5, naturgereifte Sommerbiere nach Ale-Art im wallonischen Belgien und Teilen Nordfrankreichs
Lagerbier *2 11–12,5, u, 3,5–4, hell, nicht sehr hopfenbitter
Weizenbier 11–14, o, 4–5, hell oder dunkel, malzaromatisch, schwach hopfenbitter, viel CO_2 (klargefiltert: Kristall-, hefetrüb: Hefeweizen)
Diätbier 11–12, u, 3,7–4,8, hell, betont hopfenbitter
Altbier 11,2–12, o, 3,5–3,9, meist dunkel, aromatisch, hopfenbitter
Kölsch 11,2–11,8, o, 3,5–3,9, hell, aromatisch, hopfenbitter
Pils/Pilsener 11,5–12, u, 3,8–4, hell, herb, spritzig, betonter Hopfengeschmack, süddeutsche Pilsener malzaromatischer, nord- und ostdeutsche oft besonders hopfenherb
Export 12,5–14, u, 4–4,2, hell, vollmundig, weniger herb als Pils
Märzen 12,5–14, u, 3,8–4,3, tief goldgelb, vollmundig, Malzaroma
Spezial 13–14, u, 4–4,3, hell, nicht sehr hopfenbitter
Ungespundetes Kellerbier 12,5–13,5, u, ca. 4,0, hell bis sehr dunkel, hopfenbitter, wenig CO_2 und Schaum (Spezialität in Franken und der Oberpfalz)
Porter früher: o, heute: u, 4,5–ca. 7, ursprüngliches Londoner Bier aus gerösteter, unvermälzter Gerste, sehr stark gehopft (wird in Großbritannien nicht mehr gebraut); heute in vielen Ländern wie China, Dänemark, Frankreich, Nordamerika gebrauter Typ
Bitter Stout o, ca. 3,5 (IRL + GB), meist sehr bitterer Nachfolger des *Porter* in GB und IRL
Dublin (Guinness) o, ca. 5,0–6,5, – dito –
Gueuze-Lambic (Brüssel) o, ca. 4,5–5,0, einzigartiges, selbstvergorenes Weizenbier aus dem Sennetal W' Brüssel
Rauchbier 13,5, u, 4,5, dunkel, herbwürzig, mit Rauchgeschmack
Zwickel- und Kräusenbiere (Pils, Weizen, Spezial hefetrüb), ca.11,5 bis 13,5. u und o, ca. 4,0 bis 5,0, vielschichtig, je nach Typ und Sorte hopfenherb bis malzaromatisch

Starkbier **16 % und mehr Stammwürze** **5 bis ca. 12 % Alkohol**
Bock 16–17, u, 5–5,5, hell oder dunkel, vollmundig, malzaromatisch
Weizenbock 16–17, o, 5–5,5, hell oder dunkel, klar oder hefetrüb, malzaromatisch und schwach hopfenbitter
Doppelbock 18–19, u, 5,7–6, hell oder dunkel, vollmundig, ausgeprägt malzaromatisch
Weizen-Doppelbock 18–19, o, 5,7–6, hell oder dunkel, klar oder hefetrüb, ausgeprägt malzaromatisch (mehr Gerste als Weizen) und schwach hopfenbitter
Eisbock 28, u, 8–9, dunkel, sehr malzaromatisch, süß
Russian Stout o, bis ca. 9,5, extrastark, fruchtig
Trappisten o, 5,5–8, extrastark, naturgereift, nach Ale-Art, in fünf belgischen Klöstern u. einer holländischen Abtei gebraut
Samichlaus 28–29, nach 1 Jahr Reife ca. 12 % Alkohol, wird einmal im Jahr am 6. Dezember (Name!) gebraut, reift ein Jahr, zählt zu den stärksten Bieren der Welt, schmeckt malzig, schwer, fest, fast brandyartig

* 1 Ale ist eine Sortenbezeichnung für obergärige Biere englischer Art: meist kupferfarben, manchmal dunkler. Bis auf Ausnahmen wie Mild Ale sind alle Ales kräftig bis stark hopfenbitter.

* 2 Lager: Alle untergärigen Biere sind Lagerbiere. Dies ist eine Artbezeichnung, doch sie wird manchmal für die einfachsten untergärigen Biere verwendet, die eine Brauerei herstellt. In Großbritannien und den USA wird die Mehrheit der einheimischen Lagerbiere als Pilsner Typ bezeichnet.

ganz helles, leichtes Weizen mit rund 8 Prozent Stammwürze, ein guter Durstlöscher an heißen Sommertagen, oder als Gegenstück kräftig gefärbter, schwerer Maibock mit 16,5 Prozent, bis spätestens Mitte März eingebraut, damit er dann richtig reif zum 1. Mai feierlich angestochen werden kann.

Bier kann man in Deutschland, orientiert an der Stammwürze und damit dem Alkoholgehalt, auch nach dem Biersteuergesetz einteilen. Eine mittelständische Brauerei, die beispielsweise 120 000 Hektoliter Vollbier im Jahr braut, entrichtet dafür knapp 15,– DM/hl, also insgesamt 1,8 Millionen DM Biersteuer an den Staat. Kleinere Brauer zahlen i. w. linear weniger für jeden Hektoliter, für größere Betriebe mit 200 000 Hektoliter Jahresausstoß erreicht die Steuer den Regelsatz von 17,– DM/hl. Alkoholfreies und alkoholarmes Bier bis 1,2 Volumenprozent Alkohol ist nach EG-Richtlinien vom 1. 1. 93 an steuerfrei.

In anderen Ländern gelten ähnliche Werte – für die Untergliederung nach dem Stammwürzegehalt. So teilen die Schweizer Brauer, die ebenso wie die deutschen nach dem Reinheitsgebot brauen, ihre Biere ein: Lagerbier mit 10,5 bis 12,0 Prozent Stammwürze, Spezialbier mit 11,0 bis 13,5 und Festbier (Bock, Märzen) mit 12,0 bis 13,5. Für Schweizer Bierspezialitäten wie Alkoholfreies und Leichtbier ist der Stammwürzegehalt nicht festgelegt, daneben gibt es noch Diätbier mit 8 bis 9 Prozent, Luxusbier mit mindestens 10 und Starkbier mit mindestens 14 Prozent. Für diese Biere darf Gerstenmalz teilweise durch anderes Getreide ersetzt werden. Kommt ein Brauer mit einem Bier auf den Markt, das einer anerkannten Sorte ähnlich ist, dann braut er ein Bier vom Typ Pilsener, Münchner oder Dortmunder. Schauen wir uns einmal an, welche Zahlenwerte die einzelnen Biersorten und -typen aufweisen.

Frühere und neue Trends

Bis vor wenigen Jahren galt der deutsche Biermarkt als ausgesprochen konservativ. An deutschen Stammtischen, Tresen oder in Biergärten konnte man wohl aus den Sorten Pils, Export, Weizen, Lager, nach Jahreszeit und Region auch aus Alt, Kölsch, Märzen, Bock, Doppelbock, Rauchbier, ungespundetem Dunklem und weiteren Spezialitäten wählen. Solch ein breites Sortiment ist

Stammwürze oder Malzextrakt ist nicht mit Alkohol gleichzusetzen. Normal gilt: Prozentzahl an Würze durch drei bis vier geteilt = Alkoholgehalt. Selbst in den mit 28 beziehungsweise 29 Prozent Stammwürze stärksten Bieren der Welt – dem Eisbock aus Kulmbach und dem Samichlaus aus Zürich – steckt also gerade soviel Alkohol wie in normalem Wein, um die 12 Prozent.

Die Angaben zum Alkoholgehalt unterscheiden sich, je nachdem ob in Gewichts- oder in Volumenprozent gemessen wird. Da Alkohol spezifisch leichter als Wasser ist, entsprechen also 4,2 Gewichtsprozent Alkohol ungefähr 5,0 Volumenprozent – ein üblicher Wert für Export.

Einige der in Deutschland verbreiteten rund 20 Sorten Bier sind hier versammelt, von links in jeweils typischen Gläsern: Pils, Kristallweizen, Alt, Märzen oder auch Festbier, im Deckelkrug Bock und ganz rechts ein Export, vielleicht eines aus Dortmund.

aber längst nicht überall und schon gar nicht in jedem normalen Gasthaus zu bekommen. Bis auf die Sorten Pils, Export und Lager handelt es sich um Biere, deren Verbreitung und Beliebtheit erhebliche regionale Unterschiede aufweisen. Die reinen „Bier-Akademien“ mit zwanzig, dreißig oder noch mehr Sorten und Marken sind nach wie vor eine große Ausnahme. Zum einen sagt man dem angeblich typisch deutschen Biertrinker nach, er bleibe seinem Bier treu, sobald er eine Sorte und Marke gefunden hat, die ihm zusagt. Zum anderen verbietet sich ein breites Angebot unterschiedlichster Biere für die meisten Wirte allein aus wirtschaftlichen Gründen, denn sie müssen in der Regel mit wenigen Sorten gute monatliche Umsätze erzielen. Daher rührt das Bemühen der Brauer und Wirte, möglichst unverwechselbare Biere zu erzeugen und anzubieten.

Der jahrelangen, bis heute massiven Werbung und Imagepflege einiger sehr großer deutscher, national und international tätiger Pilsbrauer hat das Ansehen des Biers insgesamt sicher viel zu verdanken. „Premium-Pils“ gilt jetzt allgemein als feines Getränk. Dessen große Wertschätzung drohte eine Zeitlang die anderen Facetten der Bierwelt sogar in den Hintergrund zu drängen. Deren Vielfalt beruht aber auf größtenteils älteren Wurzeln als die des Premium-Pils. Sorten wie Export (vor etwa 40 Jahren als Dortmunder Typ kreiert), Märzen, Dunkles (früher gleichbedeutend mit Münchner) oder Weizen gerieten nur in der überregionalen Werbung vorübergehend ins Hintertreffen. Bei den Konsumenten und Brauern muß man sich auf diese Klassiker nicht lange besinnen. Sie werden überall dort, wo sie eine lange Tradition haben, weiter getrunken, zum Teil mit steigender Tendenz.

Einen Aufschwung gab es für das Altbier, eine ursprünglich auf die Region links und rechts des Niederrheins eingegrenzte Spezialität. Man bekommt es nun auch dort, wo es vor Jahren überhaupt nicht bekannt war. Die Unterschiede von Alt zu Alt sind größer als von Pils zu Pils. Kräftigen Zuwachs erzielt seit etwa zehn Jahren auch Weizen, besonders Hefeweizen. Als früher fast ganz auf Schwaben und Oberbayern beschränkte Biersorten haben Kristall- und Hefeweizen hell und dunkel, vereinzelt sogar Weizenbock und Weizen-Doppelbock längst ihre Liebhaber nördlich des Mains gefunden.

Das Spektrum an Bieren wurde noch erweitert, nicht zuletzt dank manch echter Rarität. Einige davon waren schon länger bekannt und sind nie in Vergessenheit geraten wie das Bamberger Rauchbier, für das nach alter Sitte das Malz über offenem Buchenholzfeuer gedarrt wird. Andere sind erst in jüngster Zeit so aufgekommen wie die (untergärigen) ungefilterten, daher naturtrüben Zwickel-, Kräusen- und Kellerbiere. Wie beim Hefeweizen verbleibt ein Teil der Hefe in jenen Bieren. Das Geschmacksspektrum wird erweitert, solange nicht zuviel Hefe alles andere übertönt. Nuancen können zum Vorschein kommen, die sich in klargefilterten, pasteurisierten Bieren in der Regel so nicht erhalten lassen. Man bekommt die Keller-, Kräusen- oder Zwickelbiere meist nur in der erzeugenden Brauerei selbst oder in ihrem engeren Umkreis in wenigen Gasthäusern vom Faß. Ihre Beliebtheit geht einher mit dem Streben nach Naturbelassenem und der Rückbesinnung auf die handwerklichen Wurzeln des Brauens. Vielleicht nur eine Mode? Man muß es abwarten.

Anders verhält es sich wahrscheinlich mit alkoholfreien, alko-

Kräusenbier ist das milchigtrübe Bier, das vor Abschluß der Kräusenbildung vom Lagertank abgestochen wird. Es ist nur vom Faß erhältlich
Beim Keller- oder Zwickelbier warten die Brauer ab, bis die Kräusenbildung abgeschlossen ist und sich die Trübstoffe gesetzt haben.
In jedem Fall ist das Bier ungefiltert und erhält durch die verbliebene Hefe zusätzliche Geschmacksnuancen; beim Kräusenbier wohl am meisten.

Gleich, ob draußen im Biergarten oder drinnen in einer Gasthausbrauerei. Wo man den Brauern zusehen kann, was sie für den Durst gerade fabrizieren, der in vier bis fünf Wochen gelöscht werden soll – es ist schon einiges, was da durch durstige Kehlen fließt.

Mit neuen Verfahren – eines beruht auf dem Prinzip der Dialyse – gelingt es, auch Vollbier nach dem normalen Brauvorgang einen großen Teil Alkohol zu entziehen. Die Stammwürze bleibt vollständig erhalten, der Alkohol macht aber nur noch ein Fünftel bis ein Sechstel davon aus: Es gibt leichte Vollbiere mit über 11 Prozent Stammwürze, aber lediglich 2,5 Prozent Alkohol und damit auch erheblich reduziertem Kaloriengehalt. Der Marktanteil für leichte und alkoholfreie Biere betrug 1992 in Deutschland bereits etwa 6 Prozent und wird höchstwahrscheinlich noch lange stürmisch wachsen.

holarmen und leichten Schankbieren und leichten Vollbieren. Am Anfang als „kastriertes Bier" verspottet, erzielen manche Brauereien inzwischen ordentlichen Umsatz damit. Und sie haben daran gearbeitet, können gute Schankbiere herstellen, die fast wie „richtige" Biere schmecken, aber noch nicht einmal 10 bis etwa 35 Prozent des Alkoholgehalts herkömmlicher Vollbiere aufweisen.
Die Brauverfahren für alle leichten und alkoholarmen Biere verursachen höhere Herstellungskosten. Noch machen die Brauer nach eigenen Angaben keine oder nur bescheidene Gewinne damit. Das könnte sich ändern, wenn sie in erheblichem Umfang auch leichte Vollbiere ohne aufwendige Alkoholreduzierung anbieten, also sogenannte „Lückenbiere". Vom Gesetz her spricht nichts mehr dagegen, die Lücke im Stammwürzegehalt von 8 bis 11 Prozent zu schließen. Biere in diesem Bereich hätten genügend Stammwürze und doch weniger Alkohol, nämlich 3,5 bis höchstens 4,0 Volumenprozent. Man darf gespannt sein, wann und wie schnell solche „leichten Vollen" auf breiter Basis eingeführt werden.

Auf ganz anderem Gebiet ist ein interessanter Aufschwung zu verzeichnen: bei den Gasthausbrauereien. Innerhalb weniger Jahre stieg die Nachfrage so sehr, daß es inzwischen Hunderte dieser modernen Hausbrauereien in ganz Deutschland gibt. Etliche Hausbrauer sind unabhängig, leben vom Ertrag dessen, was sie vor den Augen des Publikums brauen und ausschenken. Wohl die Mehrzahl der Gasthausbrauereien gehört aber zu einer großen Brauerei. Die kann sich da, verbunden mit einer stimmungsvollen Gaststätte, gleichsam zum Anfassen zeigen. Spezialitäten, die sich im Sortiment sonst nicht wirtschaftlich herstellen lassen würden, werden hier in ansprechender Umgebung gebraut und bestens abgesetzt: ein anziehender Treffpunkt, keineswegs nur für eingefleischte Bierfreunde, in dem vielleicht sogar regelmäßige kulturelle Angebote die kulinarische Seite ergänzen.
Wer welche Sorten wo braute und braut, wer wieviel davon mit wem trinkt, wo es sich lohnt, auf weitere Entdeckungen zu hoffen, die wir hier gar nicht alle anführen können – das alles lesen Sie im Regionalteil, im übernächsten Kapitel.

SUDHAUS

Starkes Bier leicht gebraut

Dieses Kapitel erzählt von der Herstellung des Bieres. Als erstes ist festzuhalten, daß nur vier Rohstoffe verwendet werden dürfen und auch ausreichen, um daraus gutes Bier zu brauen: Malz, Wasser, Hopfen und Hefe.

Malz wächst nicht von allein

Malz wird in der Regel für unser normales Bier aus Gerste gewonnen. Aber auch andere Getreidesorten lassen sich vermälzen. Für Weizenbier zum Beispiel verwendet man mindestens zur Hälfte Weizenmalz neben Gerstenmalz.
Es stellt sich die Frage, wieso Getreide nicht sofort verbraut werden kann. Nun, um hernach durch den Gärvorgang Alkohol zu erzeugen, wird Zucker benötigt. Nur er läßt sich vergären. Getreidekörner bestehen aber hauptsächlich aus Stärke und Eiweiß, Stoffe, die normalerweise in Wasser unlöslich sind. Die Menschen sind sehr früh schon darauf gekommen, die Natur ein wenig zu überlisten.
Zunächst läßt man das Getreide nach sorgfältiger Reinigung in riesigen Räumen kontrolliert keimen. Dazu werden die Körner gewässert und anschließend bei etwa 17 bis 18 °C auf flachen Rosten oder in großen Kästen ausgebreitet. Schon beim Keimen wandelt sich dank aktivierter Enzyme und Fermente die Stärke in löslichen, vergärbaren Zucker um und Eiweiß in lösliche Verbindungen.
Das Keimen wird unterbrochen, die Körner und Keimlinge kommen in die Darre, wo ihnen fast die gesamte Feuchtigkeit entzogen wird. Später im Sudhaus der Brauerei, beim Kochen der Maische werden die genannten Umwandlungsvorgänge wiederbelebt. Die geschmacksbildenden Bestandteile der gemälzten und geschroteten Gersten- oder Weizenkörner können weiter gelöst werden.
Das fertige Malz sieht übrigens äußerlich, wenn die Keime entfernt sind, nicht wesentlich anders aus als Gerste oder Weizen. Man könnte Roh- und Veredelungsprodukt leicht verwechseln, merkt aber den Unterschied mit einer kleinen Probe. Malzkörner sind wesentlich weicher und schmecken süßlich. Denn es hat sich ja bereits ein Teil der Stärke in Zucker umgewandelt. Noch etwas: Wenn hier von Zucker die Rede ist, dann von einer speziellen Art, dem Maltosezucker, kurz auch Maltose genannt. Er ist gut verdaulich und spielt außer im

Zwar ist das Mälzen fester Bestandteil der Brauer-Ausbildung. Doch steht an erster Stelle in diesem Gewerbe, mit Hilfe von Wasser, Hopfen und Hefe anständiges Bier zu produzieren – und zwar möglichst ungestört von derlei Attentaten, wie sie vor diesem Gasthaus im baden-württembergischen Villingen-Schwenningen Max und Moritz offenbar im Schilde führen.

Fast immer sind es Sommergersten, die zum Brauen eingesetzt werden.

Im Prinzip kann man auch aus anderem Getreide Braugut gewinnen: Lediglich eine geeignete Form von Stärke muß in der Substanz des Korns vorhanden sein. In Nord- und Südamerika wie auch in Belgien wird oft Mais verwendet, in West- und Zentralafrika Sorghum, von Äthiopien bis China Millet-Hirse, in Ost- und Südostasien Reis und in Brasilien Maniok.

Brauprozeß eine Rolle in Bäckereien und Brennereien.
Wie das Getreide nun beschaffen ist, wie es keimt und wie es gedarrt wird, bestimmt entscheidend Qualität und Geschmack des Biers. An die Körner guter Braugerste stellen die hiesigen Brauer hohe Anforderungen: Sie müssen gleichmäßig gereift sein, sollen feine Spelzen besitzen, einen geringen Wasseranteil von allenfalls 14, vielleicht 15 Prozent, einen nicht zu hohen Eiweißgehalt zwischen 8 und 11,5 Prozent, doch die Keimfähigkeit soll sehr hoch entwickelt sein. Allein in Westeuropa gibt es fast 300 Sorten Braugerste. Heute werden, mit geringen Ausnahmen, stets die verschiedenen Sorten zweizeiliger Gerste, und zwar der nickenden, als Sommergerste angebauten, verwendet. Andere haben sich nicht durchsetzen können.
Auch beim Weizenbier wird auf Gerste nicht verzichtet. Weizenmalz zu zwei Dritteln, Gerstenmalz zu einem Drittel oder je zur Hälfte, so lautet eine Faustformel, um das charakteristisch nach Weizen schmeckende, spritzige Gebräu herzustellen. Abgesehen davon, daß Weizen keine Spelzen hat, deshalb dichter liegt und sich beim Keimen hitziger verhält, wird Weizenmalz sehr ähnlich erzeugt wie Gerstenmalz.
Aber auch bei der bewährten Gerstensorte gilt, daß das Korn sehr unterschiedliche Qualität haben kann. Und wie beim Wein ergeben sich große Unterschiede allein durch die Anbauregion. Zudem wirken sich die jährlichen Klimaschwankungen auf den Wasser- und Eiweißgehalt, auf Keimfähigkeit und Quellvermögen der Gerste aus. Gute Brauereien pflegen auch deshalb den direkten Kontakt zu den Landwirten, die für sie das Getreide anbauen. Und ganz gemäß dem Jahreslauf ist eine Mälzerei nicht das ganze Jahr in Betrieb: Die der Berg Brauerei im oberschwäbischen Ehingen-Berg läuft beispielsweise nach der Ernte im Hochsommer bis in den folgenden April. Das produzierte Malz wird etwa zur Hälfte im eigenen Betrieb verbraucht, zur Hälfte an Brauereien im Umkreis von hundert Kilometern verkauft, zum Teil im Gegengeschäft.
In der Mälzerei sind gleich zu Beginn manche Schritte nötig: maschinelle Reinigung des frisch geernteten Rohgetreides, Entfernung der Grannen, Trocknung und Lagerung, bis die Keimruhe – ein Selbstschutz der Natur gegen das Auskeimen der Körner

Angesichts einer Schaufel voll ungeschrotetem Malz und eines fast eintönigen Weizenfelds darf einmal erinnert werden: Vor fünfhundert Jahren bauten die Bauern Weizen und Gerste, Roggen und Gerste oder auch alle drei Getreidesorten im Gemenge an. Sie konnten es nicht anders, und daher bekamen die Brauer so gut wie nie Braugetreide von nur einer Sorte.

Ganz gleich, ob bei hellem oder dunklem Malz: beim Darren darf die Temperatur immer nur behutsam gesteigert werden. Andernfalls würde das Malzkorn schrumpfen und hart werden und nicht schön mürbe ... Denn so *brauchten es schon die alten Brauer: „Kleines Feuer gibt süß Malz dem Bräuer."*
In geringem Anteil werden auch Spezialmalze zugegeben: 1 bis 2 Prozent Farbmalz, hergestellt bei über 200 °C, genügen, um dunkles Bier satt zu färben. 3 bis 10 Prozent Karamelmalz – in ihm ist Stärke fast restlos zu karamelisiertem Zucker mit allen Aromastoffen umgewandelt – betont den malzigen Charakter eines Bieres. Sauermalze werden beim Maischen in Anteilen von 2 bis 10 Prozent zugefügt, wenn der Härtegrad des Wassers sich beispielsweise für Pilsener Bier nicht vollkommen eignet. Milchsäure aus diesem Malz macht die kochende Pfannenwürze im gewünschten Maß weich.

am Halm – überwunden ist. Das kann einige Wochen bis mehrere Monate erfordern. Um den Wert des Guts zu steigern, wird es laufend überwacht. Denn das keimfähige Korn lebt, atmet und verbraucht Sauerstoff. So muß entstandenes Kohlendioxid abgeführt werden, sonst könnte die Rohgerste bereits lange vor dem eigentlichen Brauen gären, zu dieser Zeit ganz unerwünscht.
Für die Keimung wird die Gerste ein bis über zwei Tage in Wasser eingeweicht. Die Körner nehmen Wasser auf, ein Wassergehalt von bis zu 50 Prozent wird erzielt. Die feuchten Körner kommen nun auf Roste oder in Kästen, wo sie weiter keimen. Schließlich hat das Grünmalz richtige Blatttriebe und lange Würzelchen. Dieser Prozeß dauert vier bis neun Tage. Weil sich dabei Wärme entwickelt, muß durch Kühlung dafür gesorgt werden, daß es nicht zu hitzig zugeht. Über 18 °C darf die Temperatur bei der normal verwendeten Gerste auf keinen Fall ansteigen, sonst würden die Keimlinge wieder vertrocknen.
Dann wird die Keimtätigkeit durch das Darren gestoppt. Den genauen Zeitpunkt bestimmt der Mälzer. Das Grünmalz kommt dazu in große Silos, wo es durch heiße Luft getrocknet, gedarrt wird. Die Körner enthalten nach dem Darren nur noch zwei bis vier Prozent Feuchtigkeit.
Auch die Farbe des künftigen Bieres wird durch das Darren bestimmt. Helles Malz für helles Bier entsteht bei 50 bis 80 °C, dunkles Malz für dunkles Bier erträgt Temperaturen zwischen 100 und 110 °C.
Schließlich werden noch die Würzelchen und Keimblätter entfernt, die übrigens als Viehfutter Verwendung finden, und der Prozeß des Mälzens ist abgeschlossen.
Vor dem Schroten zu Beginn des Brauens soll das Malz eine gewisse Zeit lagern, mindestens vier bis sechs Wochen. Manche Enzyme sind durch das Darren in eine Wärmestarre geraten, und erst wenn diese überwunden ist, können sie ihre auf Aussehen, Geschmack und Schäumvermögen des Bieres günstig wirkenden Eigenschaften entfalten. Zu lange oder unsachgemäße Malzlagerung ist jedoch auch zu vermeiden. Vor allem dunkle Malze verlieren bereits nach einem Vierteljahr an Aroma.

Auf das Wasser kommt es an
Während im Wein Wasser streng verpönt ist, verhält es sich beim

Gerstensaft völlig anders, denn der Geschmack des Biers wird nicht zuletzt auch durch die Art des verwendeten Wassers bestimmt. Allgemein und etwas pauschal kann man sagen, das Brauwasser darf nicht zu hart sein. Aber es gibt hier sehr große Unterschiede bei verschiedenen Biersorten, ja sogar beim selben Biertyp. So enthält das Dortmunder Wasser zum Beispiel Salze der Schwefelsäure, es weist viele Sulfationen auf, besitzt eine hohe Nichtkarbonathärte. Das Münchner Wasser ist nicht weniger hart, aber hier sind es besonders die Karbonate, die hohe Werte erreichen. Dunkles Malz löst sich besser in karbonatreichem Wasser, und der Charakter des ursprünglichen, dunklen Münchner Biers stimmt damit überein.

Doch bei den hellen Bieren muß weiter unterteilt werden. Pilsener Bier sollte immer aus weichem Wasser gebraut werden, wie es von Natur am ehesten aus Urgestein rinnt. Die große Beliebtheit vor allem des Pils macht eines klar: Viele Brauereien, die es in Gebieten mit härterem Wasser – fernab von Urgesteinen wie Granit, Gneis oder Schiefer – erzeugen, müssen ihr Wasser mit geeigneten Maßnahmen verbessern. Der Aufwand ist oft hoch, Kosten dürfen kaum gescheut werden, denn die Mittel werden durch das Ergebnis gerechtfertigt:

„Mit dem berühmten Brauwasser aus ..." Nicht wenige Brauereien werben sehr wirkungsvoll mit der Qualität dessen, woraus Bier doch gemeinhin zu 90 Prozent besteht. Nicht alle haben aber auch das Glück, über das kostbarste und wichtigste Lebensmittel, eben reines Wasser, zu verfügen. Dann muß die Technik helfen. Und die wird in der Werbung seltener erwähnt.

einwandfreies Brauwasser mit je nach Biertyp vertretbarem Gehalt an Restsalzen und dem gewünschten Härtegrad. Immerhin begünstigt ein weicheres Wasser die Eiweißausscheidung beim Würzekochen und verhindert, daß sich zu viele Hopfenbitterstoffe lösen. Des weiteren verläuft mit solchem Wasser die Gärung besser, das Bier schmeckt dann meist spritziger.
Etwas anders liegt der Fall bei den vielen hellen Bieren, die nicht dem Pilstyp nacheifern. Sie vertragen auch härteres Wasser, so das Dortmunder, ein herberes Export, und auch das Münchner.
Nur wenige Brunnen im Schwarzwald, im Sauerland, im Siegerland oder in der Eifel ergeben ein beinahe unaufbereitet für Pils geeignetes, weiches Brauwasser. Wer dieses Glück nutzen kann, pflegt es und hebt es in der Werbung meist deutlich heraus. Wer vom Wasser gar nicht spricht, braut deshalb aber noch lange kein schlechteres Bier. Denn technisch ist ja fast alles möglich. Dazu kommt, daß die Behörden in Deutschland jedes Jahr zweimal die Qualität des Brauwassers überprüfen. Angesichts der oft hohen Belastung des normalen Trinkwassers mit Nitraten und Spuren von diversen Pflanzenschutzmitteln kann man sogar davon ausgehen, daß Bier ein reineres Nahrungsmittel ist als Wasser.

Der Hopfen bringt die Herbe

Der dritte Bestandteil des Bieres ist der Hopfen. Er wird überall dort, wo hohe Stangen in den Himmel ragen, angebaut: besonders augenfällig in der Hallertau zwischen München, Ingolstadt und Regensburg. Bierbrauer, die betonen wollen, wie fein und edel ihr Erzeugnis ist, geben gerne die Herkunft ihres Hopfens an. Berühmte Namen sind zum Beispiel auch das tschechische Saaz, das fränkische Spalt oder Tettnang nahe dem Bodensee.
In Deutschland ist Hopfen, eine rechtswindende Schlingpflanze aus der Familie der Hanfgewächse, seit dem 8. Jahrhundert bekannt. Zunächst nur als Heilpflanze, wird heute der meiste Hopfen zur Bierherstellung verwendet, da er für den angenehm bitteren Geschmack im Bier sorgt und zudem dessen Haltbarkeit positiv beeinflußt.
Hopfen ist für die Herstellung von Bier unverzichtbar. Ein Bier schmeckt deutlich hopfenbitter, das nächste weniger, doch in allen wirken die charakteristischen

„Ein Hopfengarten muß sein wie ein Nonnenkloster“, so oder ähnlich lautet ein alter Spruch der Hopfenpflanzer. Damit kein Zapfen bis zur Blüte kommt, werden rings um die Hopfengärten die wilden männlichen Hopfenpflanzen (Bild oben) ausgerottet, jedes Jahr von neuem.
Hopfenernte bedeutet oft noch reichlich Handarbeit (linke Seite), so bei Tettnang im kleinen, aber feinen oberschwäbischen Anbaugebiet.

Nach dem Verpacken bekommt der Hopfen im Sack ein Siegel verpaßt. So haben die Käufer auf der Hopfenbörse die Gewähr, daß es sich um einwandfrei überprüfte Ware handelt.

Inhaltsstoffe dieser Kletterpflanze. Für die Bierherstellung eignen sich nur die unbefruchteten weiblichen Blütenstände des Hopfens, die Hopfendolden oder Zapfen. Woher der Hopfen eigentlich stammt, ist nicht restlos geklärt. In den Mittelmeerländern wächst er wild. Fest steht nur, daß er nach der Völkerwanderungszeit, etwa seit dem 6. Jahrhundert, von den Finnen, Letten und Esten als Bierzusatz verwendet wurde. Von dort gelangte sein Gebrauch weiter nach Westen. So haben die Wenden – Slawen, als deren Nachfahren die Sorben der Lausitz anzusehen sind – Hopfen schon im 8. Jahrhundert gezogen. Allerdings gedieh der Hopfen damals nur in Gärten, bald dann auch in Klostergärten der karolingischen Zeit. Große Hopfenplantagen wie heute gab es natürlich noch nicht, man brauchte die Anbauflächen für Habhafteres. Doch in den heutigen deutschen Anbaugebieten wie der Hallertau oder um Spalt südlich von Nürnberg ist Hopfenanbau bereits damals bezeugt. Und wahrscheinlich wurde Hopfen damals auch schon so verspeist: Ähnlich wie Spargel werden die ganz jungen Triebe als Salat oder Gemüse zubereitet; eine Spezialität in den großen Anbaugebieten, die im März, April frisch auf den Tisch kommt.

Erst für das 12. Jahrhundert gilt als gesichert, daß Hopfen in Mitteleuropa als Zutat zum Bierbrauen verwendet wurde. Die heilige Hildegard von Bingen erwähnte unter anderem, seine Bitterkeit mache die Getränke haltbarer.

Für die Bierwürze wirksam sind vor allem die Lupulinkörner, kleine klebrige Drüsen an den weiblichen Blütenständen. Sie enthalten ein Sekret bestehend aus Hopfenölen, den Bitter- und Gerbstoffen. Diese geben der Würze einen feinbitteren Geschmack und fördern durch Eiweißausfällung ihre Klärung. Sie wirken auch antiseptisch und stoppen die Vermehrung von Milchsäurebakterien. Dadurch erhöht sich die Haltbarkeit des fertigen Bieres.

Die Erfahrung lehrte schon früher, daß Hopfen Krankheitskeime tötet. Deshalb gab man an Tuberkulose Erkrankten gerne viel Bier zu trinken. Die günstige Wirkung geht auf das Lupulin zurück, worauf genau, ist bis heute nicht bekannt.

Wird Hopfen nicht zur richtigen Zeit geerntet, dann schlägt das feine Aroma in einen unangenehm käsigen Geruch um. Die frisch

gepflückten Hopfendolden enthalten noch 75 bis 80 Prozent Wasser. Damit die Inhaltsstoffe nicht verdunsten, müssen sie schnell auf 10 bis 12 Prozent Feuchtigkeit getrocknet und durch leichtes Schwefeln konserviert werden. Nach der Verpackung zu losen Ballen von 100 Kilogramm oder der Pressung zu Ballots können die Bestandteile des Lupulins zunächst kaum mehr entweichen. Aber eine kühle, dunkle und trokkene Lagerung ist nötig, für längere Zeit am besten in großen, verzinkten Blechbüchsen. Auch Gefriertrocknen oder verschiedene Methoden der Extraktgewinnung können mit Vorteilen für die mögliche Lagerzeit angewandt werden, ohne daß dadurch das spätere Bier geschmackliche Einbußen erleiden müßte.

Die Hefe sorgt fürs Leben im Sud

Von größter Bedeutung für den Brauvorgang ist der vierte Bestandteil des Biers: die Hefe. Der Begriff leitet sich von dem althochdeutschen Wort *hevo* ab, was direkt mit dem mittelhochdeutschen *hebe* und dem heutigen „heben" zusammenhängt. Hebearbeit verrichtet die Hefe in der Tat, wenn die Bierwürze zu gären, zu schäumen beginnt. Vereinfacht ausgedrückt, spaltet dabei die Hefe den Malzzucker in Kohlendioxid und Alkohol und lebt selbst davon.

Die kleine Stadt Spalt in Mittelfranken ist umgeben von Hopfenplantagen. Spalter Hopfen ist begehrt, aber die Ernte kann sich allein wegen der viel kleineren Fläche – etwa 800 gegen 18 000 Hektar – niemals mit der aus der Holledau messen.

Hefe bei ihrer Arbeit: Nach 24 Stunden schäumt es im Gärbottich bereits heftig, nach höchstens zehn Tagen ist es mit dem Schäumen – im Fachausdruck: Kräusen – vorbei. Später werden Hefe und andere Trübungsstoffe aus den meisten Bieren abgefiltert. Wo man sie aber im Bräu beläßt, rechts beides im Vergleich, sorgen sie für zusätzliche Geschmacksnuancen.

Noch vor hundertfünfzig Jahren waren die Brauer auf ihr Glück angewiesen, daß ihnen ihre Hefe nicht zu mutieren begann und ihr Bier verdarb. Vor 1550 gar wußte man überhaupt nichts von der Existenz und Wirkung der Bierhefe. Damals glaubte man, daß Honig – wie beim vergorenen Honigwein, dem Met – oder gar Bierhexen das Bier zum Gären bringen würden. Und noch früher wurde dem germanischen Gott Wotan diese Fähigkeit zugetraut, indem er in den Braukessel spuckte.

Mitte des 16. Jahrhunderts wird zum erstenmal der Unterschied zwischen ober- und untergäriger Hefe in einer Münchner Brauordnung erwähnt. Anschließend legten die süddeutschen Brauer Wert darauf, gezielt die Vorteile der untergärigen Brauhefe zu nutzen. Diese arbeitet bei 4 bis 10 °C, einer Temperatur, die sich in einem Naturkeller im Winterhalbjahr auch ohne künstliche Kühlanlage leicht halten läßt. Das bis spätestens Anfang April eingebraute untergärige, stärkere Bier, bis heute Märzenbier genannt, ließ sich dann monatelang lagern. Gegebenenfalls griff man auf die im Winter herbeigeschafften Eisvorräte zurück.

Die Herstellung von Bier, das mit obergäriger Hefe bei 18 bis 22 °C gärt – heute zählen Alt, Kölsch, Weizen, Weiße, Ale, Porter oder auch Stout dazu –, war bis in das 16. Jahrhundert die einzige Art, die von den Brauern einigermaßen beherrscht wurde. Zumindest früher war solches Bier auch für den schnelleren Verbrauch bestimmt. In der Regel war das von Vorteil, denn man brauchte weder zur Herstellung noch zum Lagern große Kühlkapazität. Manchmal war es aber doch ein Nachteil, denn was machte der norddeutsche oder englische Brauer, wenn ihm nach einer schlechten Ernte nicht genügend Gerste zur Verfügung stand, er sich nur auf das schneller verderbliche obergärige Bier verstand, aber davon keine ausreichenden Vorräte hatte, die er verkaufen konnte?

Der französische Chemiker und Mikrobiologe Louis Pasteur fand um die Mitte des 19. Jahrhunderts heraus, daß für die Gärung die kleinen Einzeller der Hefepilze verantwortlich sind. Und er unterschied bald zwischen den erwünschten Hefen, die zur alkoholischen Gärung führen, und den unerwünschten der Milchsäuregärung.

Ein Hefeweizen, frisch gezapft, für viele, insbesondere Süddeutsche, der Inbegriff sommerlichen Biergenusses.

Die Frage, ob die ober- oder die untergärige Hefe die ursprüngliche Form ist, läßt sich bis heute nicht sicher beantworten. Wohl aber dürfte als erstes das obergärige Brauverfahren in Mitteleuropa angewandt worden sein.

Mit Hilfe der Milchsäure vergorene Biere wie das Alt von Pinkus Müller in Münster/Westfalen oder ein belgisches Lambic, das durch wilde Hefen aus der Luft erst zu arbeiten beginnt, stellen eine große Ausnahme dar. Solche Raritäten brauchen auch wesentlich mehr Zeit zum Reifen als die mit Reinzuchthefe hergestellten Biere.

Und noch eines: Bierhefe, in getrockneter Form über Salate, Gemüse oder Joghurt gestreut, ist sehr gesund. In Verbindung mit dem Malzsud erzeugt sie beispielsweise die für unseren Stoffwechsel so wichtigen Vitamine wie Pyridoxin (B_6) und Cobalamin (B_{12}). Mit weiteren Substanzen wie Thiamin (B_1), Riboflavin (B_2), Folsäure und Biotin (Vitamin H) trägt Bierhefe zur Erhaltung der Konzentrationsfähigkeit bei, stabilisiert den Kreislauf, wirkt blutreinigend, festigt die Fingernägel. Deshalb war Bierhefe bereits bei unseren Vorfahren ein beliebtes Haus- und Würzmittel und ist es bis heute geblieben.

Der Däne Emil Christian Hansen entdeckte Ende des 19. Jahrhunderts eine große Zahl von Heferassen und konnte erstmals gezielt Stämme züchten, die für immer gleiche Qualität des Biers sorgen. Heute stehen den Brauern eine ganze Reihe von Hefesorten aus Reinzuchtanlagen zur Verfügung. Trotzdem verläßt man sich nicht nur auf die eigenen Quellen. Vielmehr dienen Hefebanken in Weihenstephan, in Berlin und in Dänemark als Reserven für die Brauindustrie Europas, wo Vorräte von Hefekulturen sicher verwahrt werden. So könnte den in einzelnen Brauereilaboren vorhandenen Hefen das Schlimmste, die komplette Vernichtung, passieren, ohne daß der Brauer seinen Betrieb gleich ganz schließen müßte.
Für hundert Liter (1 Hektoliter, hl) Würze benötigt man etwa einen halben Liter Hefe beim untergärigen Verfahren. Von der obergärigen Hefe genügt die knappe Hälfte auf die gleiche Menge Bierwürze. Beim Gärvorgang sorgt die Hefe nach etwa 24 Stunden für heftiges Schäumen – die Kräusen – auf der Oberfläche des Gärbottichs oder im druckregulierten Gärtank. Die Hefe vermehrt sich von selbst und setzt sich zum Schluß oben oder unten im Gärgefäß ab. Beim fertigen Bier kann bis zu viermal soviel Hefe entfernt werden, wie ursprünglich der Würze zugegeben wurde. Theoretisch könnte also eine Brauerei bis in alle Ewigkeit mit ihrer Hefe weiterarbeiten. In der Praxis wird die Hefe jedoch höchstens fünfzehnmal „weitergeführt", wie der Fachausdruck für das Hefegeben lautet. Hefe degeneriert nämlich mit der Zeit und führt dann zu schlechten Brauergebnissen. Deshalb ist es sicherer, nach etwa zehn Brauprozessen wieder frische, reingezüchtete Hefestämme einzusetzen.
Bei untergärigen Bieren hat die Hefe nach sieben bis spätestens zehn Tagen ihr Werk verrichtet. Sie kann danach ebenso weiterverwendet werden wie die obergärige Spezies. Diese arbeitet schneller – drei bis vier Tage, entsprechend den höheren Temperaturen – und steigt nach oben, wo sie abgeschöpft wird. Das meiste Bier läuft vor der Abfüllung durch ein Filter, dessen Inhalt meist aus Kieselgur, einer porösen Erde, besteht. So ist bei diesen Bieren von der Hefe, der sie ihr „Feuer", ihren Alkoholgehalt, verdanken, schließlich nichts mehr zu bemerken.

Durch einen verbleibenden Teil Hefe getrübtes Weizen oder andere ungefilterte Zwickel-, Kräusen- oder Kellerbiere sind in Deutschland in den letzten Jahren wieder stark im Kommen. Man schätzt an ihnen, daß die Hefepartikel als zusätzliche Überträger noch mehr und vielfältigere Geschmacksnuancen vermitteln können.

Der Brauprozeß kurzgefaßt

Die wichtigsten Phasen des eigentlichen Brauprozesses sind das Maischen, das Kochen der Würze, das Gären und das Reifen des Biers.

Zunächst jedoch wird das Malz geschrotet, wobei es allein schon einiger Kenntnis und Erfahrung bedarf, um zu wissen, wie fein, wie oft und in welcher Art von Mahlwerk es für die gewünschte Biersorte gemahlen werden soll. Das geschrotete Malz muß sowohl groben als auch feinen Grieß und einen hohen Anteil an feinem Mehl enthalten, und die Spelzen sollen weitgehend unversehrt sein. Das Verhältnis der einzelnen Malzbestandteile zueinander sowie das verwendete Wasser beeinflussen Charakter und Qualität der Bierwürze. Jedes Bier erfordert eine andere Zusammenstellung.

Im Maischbottich – Maischen ist das alte Wort für Mischen – werden nun das geschrotete Malz und das Brauwasser miteinander vermischt. Die Enzyme im Malz, die nach dem Darren ihre Arbeit eingestellt hatten, erwachen wieder zum Leben. Sie verwandeln jetzt weiter Stärke in Malzzucker. Um diesen Prozeß zu verstärken, wird der Maischebrei in der Maischpfanne langsam auf 70 °C erhitzt, das ist die Verzuckerungstemperatur. Hier wird nahezu der gesamte Rest der Stärke in Malzzucker umgewandelt und geht mit den anderen löslichen Bestandteilen des Malzschrots im Wasser auf. Alles zusammen wird nun in den Läuterbottich gepumpt. Der ist eigentlich ein großes Sieb, das aber vorläufig unten noch geschlossen ist. Hier läßt man die Maische erst einmal zur Ruhe kommen, wobei sich ihre unlöslichen Bestandteile, Treber genannt, am Boden absetzen. Durch die vielen Spelzen, die in ihm enthalten sind, bleibt der Treber durchlässig und klebt nicht zusammen. So kann der Biertreber selbst als ein zusätzliches Sieb wirken.

Die Maische wird abgelassen, und unten fließt die Würze klar und blank heraus. Weil jedoch im Tre-

Moderne Brauereien ähneln sich stets, gleich ob in Belgien, Deutschland, Dänemark oder wie hier in Milwaukee in den Vereinigten Staaten: peinliche Sauberkeit, blankgeputzte Sudkessel, auf ihre Arbeit konzentrierte Menschen.

Diese zwei Sudwerke im Dortmunder Brauereimuseum stammen zwar aus der ersten Hälfte unseres Jahrhunderts, könnten aber sicher jederzeit wieder in Betrieb genommen werden.

Und noch eine Anmerkung zum Treber, dem unlöslichen Rückstand der Maische: Man kann ihn als Viehfutter verwenden, doch läßt sich auch ein sehr gut schmeckendes Biertreberbrot daraus backen. In mancher Brauereigaststätte findet man es auf der Speisekarte.
Werden beim Brauen später Hopfendolden zugegeben, dann fällt Hopfentreber an. Der ist aber so bitter, daß ihn weder Tier noch Mensch mögen. Um so besser eignet er sich für Heilzwecke, zum Beispiel für medizinische Bäder.

ber noch sehr viele wertvolle Bestandteile stecken, die sich nicht gelöst haben, wird er nun aufgelockert und mit heißem Brauwasser vollständig ausgewaschen. Dadurch wird die Würze, die bis dahin sehr dickflüssig war, stark verdünnt.
Die Würze gelangt nun in die Sud- oder Würzpfanne. Bisweilen sieht man, daß Brauereien hinter riesigen Schaufenstern kupferne Würzpfannen stehen haben. Dies dient bei vielen vor allem der Imagepflege. Die meisten Würzpfannen bestehen nämlich heute aus Edelstahl, der sich dafür genausogut wie Kupfer eignet, dabei aber billiger ist und sich wesentlich leichter reinigen läßt. In der Würzpfanne wird die Würze zum Kochen gebracht und der Hopfen zugesetzt. Die genaue Dosierung hängt dabei von vielen Faktoren ab: wie ergiebig und wie beschaffen der Hopfen ist, welches Brauwasser verwendet und welche Biersorte gebraut werden soll. Exportbier zum Beispiel wird nur etwa die Hälfte der Hopfenmenge zugesetzt, die man für dieselbe Menge Pils benötigt. Entscheidende Instanz bleibt immer der Braumeister, der dank langjähriger Praxis und mit Feingefühl die jeweils richtige Hopfen-

Schloß-
Bräu
ILLERTISSEN

Mit der Würzespindel, einem Densimeter, wird beim Kochen des Suds die Dichte und damit der Extraktgehalt der Stammwürze laufend kontrolliert.

menge für das entsprechende Bier zu bestimmen hat.

Dic Würze, also Malz und Wasser, und der Hopfen werden daraufhin etwa eineinhalb bis zweieinhalb Stunden gekocht. Dadurch wird die Würze keimfrei und werden die Enzyme so zerstört, daß sie keine chemischen Veränderungen mehr verursachen können. Gleichzeitig lösen sich die Aromastoffe des Hopfens und verbinden sich mit dem Malzgeschmack der Würze.

Schließlich kann beim Kochen auch exakt bestimmt werden, wie konzentriert die Würze werden soll. Je nach dem vorgesehenen Stammwürzegehalt läßt man nämlich mehr oder weniger Wasser verkochen.

Die gekochte Würze wird nun abgeseiht. Hat man Hopfendolden verwendet, so bleibt der Hopfentreber im Hopfenseiher hängen. Weil sich durch das Abseihen nicht alle Feststoffpartikel entfernen lassen, läßt man die Würze nochmals zur Ruhe kommen und kühlt sie gleichzeitig. Dabei setzt sich der staubfeine Trub ab. Nach einer anderen Methode entfernt man den Trub mit Hilfe der Zentrifugalkraft und läßt die Würze gleichsam in einem großen Whirlpool sich klären.

Bevor der Würze als letzter Bestandteil die Hefe zugesetzt wird, muß weiter kräftig gekühlt werden. Bei obergärigen Bieren liegen die Gärtemperaturen zwischen 18 und 22 °C, bei untergärigen Bieren normalerweise zwischen 6 und 10 °C. Neuere, beschleunigte Gärverfahren für untergärige Biere lassen jetzt auch Temperaturen bis zu 20 °C zu, die Gärzeit verringert sich dadurch auf etwa die Hälfte.

In den Gärtanks oder den Gärbottichen bildet sich nach etwa 24 Stunden eine dicke, weißgelbe Schaumschicht. Diese Kräusen zeigen an, daß die Hefe arbeitet, daß die Umwandlung von Malzzucker in Alkohol und gasförmige Kohlensäure begonnen hat. Je mehr Alkohol sich bildet, desto stärker nimmt die Konzentration des Extrakts in der Würze ab, im Durchschnitt um vier Prozent.

Mit der Würzespindel, dem Saccharometer, wird ständig kontrolliert, wie weit das Bier schon vergoren ist. Der Gärvorgang kann bis zu zehn Tagen dauern.

Danach wird die Hefe entfernt, nur bei Hefeweizen und naturtrübem Zwickel- oder Kräusenbier verbleibt ein gewisser Anteil auch nach dem Abfüllen in der Flüssigkeit. Das Jungbier oder „grüne

Bier“ ist im Prinzip fertig, allerdings muß es noch mehrere Wochen oder gar Monate nachgären, reifen. Außer beim Weizenbier, das meist in Flaschen gefüllt wird, vollzieht sich die Reife in riesigen Tanks.
Früher verwendete man für die Reife und zur Lagerung immer Holzfässer. Heute sind es – zumindest in Deutschland – nur wenige Brauereien, die noch alte Fässer besitzen. Manche Brauer setzen aber nach wie vor ganz gezielt Holzfässer ein: So beeinflussen vielleicht die Gerb- und Geschmacksstoffe von Eichenholz den Charakter des in ihnen gelagerten Biers. Wahrscheinlich jedoch lassen sich die Geschmacksempfindungen vieler Menschen genauso stark von der rustikalen Atmosphäre beeinflussen, die alte Fässer ausstrahlen: Ein tief kupferfarbenes Alt, ein goldenes Festbier oder ein würzig-samtiger Bock, aus solch wunderschönen Behältnissen gezapft, wird eben ganz anders genossen als aus dem blitzenden Edelstahlbehälter.
Wichtig sind beim Nachgären und Ausreifen des Biers niedrige Temperaturen – um 0 °C oder knapp darunter – und vor allem konstanter Druck. Dazu verwendet man am Lagertank Spundapparate, die zum einen das Bier ständig unter

Große Flaschenabfüllanlagen waschen, etikettieren und füllen bis zu 100 000 Flaschen in der Stunde.

Diese gewölbten, dem starken Kohlensäuredruck des leckeren Inhalts gewachsenen Aluminiumfässer werden heute noch häufig zur Lagerung in Gaststätten verwandt. Allerdings weichen auch sie immer mehr den zylinderförmigen Keg-Behältern mit eingebauter Zapfapparatur.

dem gewünschten, gleichen Druck halten. Außerdem lassen sie die überschüssige Kohlensäure, die sich beim Nachgären bildet und nicht mehr mit dem Bier verbindet, gleichmäßig abblasen. Nach dem Reifen wird das Bier – bis auf die im Kapitel zuvor erwähnten, mengenmäßig noch geringen Ausnahmen Hefeweizen und Zwickelbier – nochmals gefiltert und dann in Tankfahrzeuge, Fässer, Flaschen oder Dosen abgefüllt.

Untergäriges wird sofort kalt gelagert. Beim Obergärigen werden die gefüllten Flaschen erst etwa eine Woche warm gehalten, damit in der Flasche eine Nachgärung, die sogenannte Flaschengärung stattfinden kann. Danach werden sie noch einige Wochen in der Kälte gelagert.

Nach diesem kleinen Einblick in die große Kunst des Bierbrauens nach dem Reinheitsgebot sollten wir einen großen Schluck Bier auf das Wohl all derer trinken, die mit viel Sachverstand und großem Arbeitseinsatz zum Gelingen eines guten Biers beigetragen haben. Prost, prosit, zum Wohl!

HIESIGES UND ANDERES

Wußten Sie schon? ...
Im Biertrinken gehören die Deutschen seit langem zur Weltspitze. Knapp 150 Liter Jahresverbrauch pro Kopf war Anfang der achtziger Jahre einmal der höchste Wert. Bei dieser Zahl sind – wohlgemerkt – Säuglinge und Allerälteste mitgerechnet. Inzwischen scheint es so etwas wie eine Sättigungsgrenze zu geben, zwischen 1990 und 1992 lag die Zahl immer um die 140 Liter. Die leichten, alkoholarmen und alkoholfreien Biere erzielen derzeit vom gesamten Bierverbrauch etwa 5 Prozent, Tendenz stark steigend, was zu Lasten der angestammten Vollbiere geht.
Sind die Deutschen ein Volk von Trinkern? Da scheiden sich die Geister. Nimmt man nur alle als Grundlage, die älter als 15 Jahre sind, so ergeben sich etwa 180 Liter Bier im Jahr. Nicht wenig.
Innerhalb der deutschen Bundesländer gibt es seit Jahren ganz erhebliche Unterschiede im Bierkonsum. An der Spitze liegen die Bayern mit fast 240 Litern im Jahr, gefolgt von den Saarländern mit etwa 230 Litern. Die Länder in der Mitte erreichen beim Biertrinken auch ungefähr die Mitte, während Norddeutsche auf etwa 80 Liter pro Kopf und Jahr kommen.
Gleichzeitig kommen durch Befragungen markante Unterschiede zum Vorschein, was die Wahl der Sorten und die Struktur der Brauereien betrifft: Beispielsweise bezeichneten sich vor ein paar Jahren über 60 Prozent der Intensivkonsumenten – so heißt in der Fachsprache, wer regelmäßig mehr konsumiert als der Durchschnitt – in der früheren Bundesrepublik (ohne Bayern) als Pilsliebhaber, nur 40 Prozent zogen das Export vor, 16 Prozent tranken gerne auch Alt, 13 Prozent Weizen und 6 Prozent Kölsch. In Bayern lagen die Zahlen für Pils und Export gerade umgekehrt, als Weizenliebhaber gaben sich 31 Prozent zu erkennen, während Alt mit 7 und Kölsch mit unter 1 Prozent deutlich abfielen. In der Addition ergeben sich natürlich über 100 Prozent dadurch, daß viele Leute nicht nur eine Sorte gerne genießen. Diese Anteile sind, wenn auch langsam, so doch ständig in Bewegung, wie die Marktforschung verschiedener Institute beweist.
Betrachtet man nur die Zahl der Betriebe, rund 1300, so ist das Bierbrauen in ganz Deutschland eine Sache des Mittelstandes. Im Jahr 1991 kamen nur die ersten 52 Braustätten auf einen Ausstoß

Cord Broyhan, ein experimentierfreudiger Mann, erfand 1526 ein Altbier, auf das sich schon manche berufen haben: 1911 die Hildesheimer Actienbrauerei mit diesem Plakatentwurf von Paul Scheurich, und in Hannover benannte man ein Alt nach Broyhan.

Der Konsum an Kaffee übertrifft den an Bier noch um Längen, der statistische Durchschnittsdeutsche trinkt im Jahr über 180 Liter Bohnenkaffee. Das war nicht immer so, beispielsweise hatte Friedrich II., der Große, vor gut zweihundert Jahren über seine Preußen berechtigte Klage zu führen, wie das Zitat auf Seite 102 belegt.

Salzwasser macht besonders durstig, und oft geht ein kalter Wind auf rauher See. Grund genug für echte „Seebären“, sich herbes Pils und wärmenden Korn einzuverleiben.

von mehr als 500 000 Hektoliter Bier. Die Millionen-Grenze übertrafen nicht ganz 30, unter denen sich höchstens 10 private Brauereien finden. Alle anderen sind Gesellschaften und gehören entweder zu Brauereigruppen oder sind in große Lebensmittelkonzerne eingegliedert.

Alle deutschen „Brauriesen“ sind Zwerge, vergleicht man sie mit den in Europa und der Welt größten Braugruppen: Die niederländische Heineken-Gruppe mit weltweit über 100 Braustätten kam 1990 erstmals auf über 50 Millionen Hektoliter, und Anheuser-Busch in den USA, die größte Brauerei der Welt, braute 1986 bereits 85 Millionen Hektoliter. Trotzdem erzielen die deutschen Brauer vom gesamten Weltmarkt etwa 10 Prozent. Fast 70 000 Menschen arbeiten in dieser Sparte, das sind von der gesamten Lebensmittelbranche wiederum rund 10 Prozent. 1991 exportierten die westdeutschen Brauereien zusammen beinahe 7 Millionen Hektoliter Bier, allen voran Beck's in Bremen mit fast 2 Millionen vor Holsten in Hamburg mit 1 Million Hektolitern.

Importiertes Bier hat nur dann echte Chancen auf dem deutschen Markt, wenn es nach dem hier gültigen Reinheitsgebot gebraut wird. Sicher gibt es höchst bemerkenswerte Klassiker und Spezialitäten zum Beispiel aus Belgien, England, Irland, der Schweiz und natürlich aus dem Mutterland des Pils, der Tschechischen Republik, aber die deutschen Biertrinker halten sich nach wie vor in der erdrückenden Mehrheit an einheimische Produkte. Vielfalt und Qualitätsgarantie sind hier ja wirklich vorhanden. Insofern gibt es für die meisten auch kaum Gründe, anderes Bier zu trinken, außer natürlich aus Neugierde und auf Reisen.

Bei unserer folgenden Erkundungstour, erst durch Deutschland und dann um die Welt, können wir natürlich nur wenige Firmen und Marken erwähnen. Die Nichtgenannten mögen darüber nicht erbost sein. Schließlich brauchen wir hier ja auch Platz für Rezepte. Und es haben sich bereits höchst befähigte Fachautoren der Mühe und dem Vergnügen unterzogen, Tausende von Bieren zu probieren und zu bewerten – wohl subjektiv, aber doch nach weitgehend objektiven Merkmalen wie Farbe, Klarheit, Schaum, Geruch, Vollmundigkeit, Aroma und Rezens oder Spritzigkeit.

Nicht viel anders machen das die professionellen Bierverkoster, ob in Brauereien oder an anderer Stelle.

Herbes im Norden und Millionen Hektoliter nach Übersee

Beginnen wir in Schleswig-Holstein, Niedersachsen und den Stadtstaaten Hamburg und Bremen. Sie sind bekannt für ihre extratrockenen Biere nach Pilsener Art. Sei es das Flensburger, das seit eh und je als *Beugelbuddelbeer*, also in der Bügelverschlußflasche angeboten wird, oder sei es Astra Urtyp Pils von Bavaria St. Pauli in Hamburg. Sie wundern sich über den Namen? Nun, wie viele Brauereien Ende des 19. Jahrhunderts wollte man auch an der Alster signalisieren, daß ab sofort Bier nach der untergärigen Brauart wie in Bayern hergestellt werde. Zu Bavaria St. Pauli gehört das Friesische Brauhaus in Jever, dessen berühmtes Pilsener als das herbste Deutschlands gilt. Es wird dafür Tettnanger Aromahopfen verwendet.

Die Brauerei Beck in Bremen wurde zwar erst 1873 gegründet, bot ihr Bier aber bis zum Zweiten Weltkrieg gleich in aller Herren Länder an. So ist Beck's bis heute das weltweit wohl bekannteste und am meisten verbreitete deutsche Bier. Es ist kein typisches Pilsener, für deutsche Begriffe ein leichtes, für den internationalen Geschmack schweres Bier. Erst

Früher trugen Segelschiffe Bier aus Norddeutschland über alle Weltmeere, und sei es allein für die Besatzung. Heute wirbt Beck & Co in Bremen noch gerne mit der herrlichen Bark „Alexander von Humboldt“, die 1990 der Blickfang einer Windjammerparade war. Man soll eben auch an den umfassenden Handel der hanseatischen Brauerei denken, nicht nur ans Bier allein.

Erst kühles Pils und vielleicht eine frische Brise elbaufwärts, aber dann warme Sonne und hinterher ein heißer Kaffee – so wie vor dem Strandhotel Blankenese macht Zeitungslektüre Laune.

nach 1945 erschloß man sich auch den deutschen Markt mit Bier unter dem Markennamen Haake-Beck. Eine gefragte Spezialität in Bremens Umgebung ist das Kräusen-Pils.
Auch in Hannover, Niedersachsens Landeshauptstadt, blickt man auf eine lange Brautradition zurück. Wie in allen Braustätten Nord- und Nordwestdeutschlands spielten obergärige Biere eine große Rolle. Bis in das 16. Jahrhundert gab es Gruit- oder Grutbier: mit allen erhältlichen Getreidesorten gebraut, mit den verschiedensten Kräutern und Gewürzen versehen, dünn oder dick, von heller, rötlicher, brauner oder fast schwarzer Farbe. Eine wichtige Neuerung führte im Jahr 1526 Cord Broyhan ein. Er verwendete ein Drittel Weizen- und zwei Drittel helles Gerstenmalz und ausschließlich Hopfen zum Würzen. In Hamburg hatte man bereits ein ähnliches obergäriges, gut haltbares Exportbier im Programm. Broyhan schuf den Vorläufer zum Altbier der Gegenwart, die Hannoveraner Brauerei Lindener Gilde benennt heute nach ihm ihr Alt, das gegenüber den Düsseldorfer Altbieren etwas stärker und dunkler ist.
Über Einbeck und die Geschichte des Bockbiers wurde bereits berichtet. Heute bietet das Einbecker Brauhaus, einzige verbliebene von früher zahlreich ansässi-

gen Brauereien, immerhin drei verschiedene Bockbiere. In diesem Zusammenhang muß erwähnt werden, wie wenig Bockbier jedes Jahr in Deutschland eigentlich getrunken wird. Höchstens 1 Million Hektoliter, das ist nicht einmal ein Prozent, doch das Ansehen der Starkbiere ist ungleich größer.

Pils, Alt und Kölsch, aber auch Export im Westen

Nordrhein-Westfalen hat eine lange Grenze zu Niedersachsen, und damit ist bereits etwas über Gemeinsamkeiten beim Bier angedeutet, zum Beispiel beim Alt und Pils. Doch sind für das bevölkerungsreichste Bundesland auch Besonderheiten zu vermerken, die das Bild der deutschen Sortenvielfalt entscheidend prägen: In Nordrhein-Westfalen werden über 25 Prozent des gesamten deutschen Biers produziert, mehr noch als in Bayern. Rund ein Drittel der dreißig größten Brauereien Deutschlands sind in Nordrhein-Westfalen beheimatet. Dortmund ist mit etwa 6,5 Millionen Hektolitern jährlichem Ausstoß die produktivste Bierstadt Europas, hat vor allem nach dem Zweiten Weltkrieg seinen Exporttyp in aller Welt bekannt gemacht, braut aber inzwischen viel mehr Pils als Export.

Doch nun zum Bier Dortmunder Art: Gegen 1850 wuchs der Bedarf an Bier ebenso heftig wie die Stadt als Bergwerks- und Industriezentrum. Als erste Brauerei von den heutigen sechs großen wurde 1854 Thier gegründet, 1867 im heute eingemeindeten Hörde die Stiftsbrauerei, und es folgten Kronen, die Actienbrauerei, Ritter und Union. Alle brauten vollmundige, süffige, goldgelbe Vollbiere mit 12,5 bis über 13 Prozent Stammwürze, die aber hopfenbitterer als das damals dunkle Münchner waren. Diese Biere wurden zunehmend exportiert, der Typ Dortmunder war geschaffen.

Die Dortmunder experimentierten zwar schon vor der Jahrhundertwende auch mit Pils, das anderswo bereits ein großer Renner war. Doch der Erfolg ihres Export hielt bis fast 1970 an, als erstmals deutliche Einbußen zu verzeichnen waren. Heute wird in Dortmund zu etwa 80 Prozent Pils produziert und sogar von Fall zu Fall für Dortmunder Bier gemeinsam geworben. Die restlichen 20 Prozent teilen sich Export und einige spezielle Biere wie Hövels Original Bitterbier von

Architektonisch gelungen, setzt das Friesische Brauhaus in Jever einen kräftigen Akzent. Ob der Bau auf den Charakter des Biers, des sprichwörtlich herben, Einfluß genommen hat oder umgekehrt, können wir nur vermuten.

In Bochum, Dortmund oder Essen, Strukturwandel hin, Supermarkt her – am Kiosk im Revier gibt's beinahe alles: Zeitungen, Bonbons, Tütensuppen, Glanzbilder, Eis, Straß-Anhänger und eben Bier. Treffpunkt, letzte Rettung nach Ladenschluß, Nachrichtenbörse: Der Tag der Kioskpächter ist vielseitig und lang.

1893 oder das Kränzchen-Bier – nach dem „Klatsch-Kränzchen" der Damen benannt. Beide werden in der zu Thier gehörenden Hausbrauerei Hövels angeboten, die seit 1984 kräftig Kundschaft anzieht. Kronen und Union haben bald danach eigene Hausbrauereien eröffnet, außerdem nennt die alteingesessene Privatbrauerei Kronen ein Brauereimuseum ihr eigen (siehe Foto S. 50/51).
Nun in die Hochburg des Altbiers, nach Düsseldorf und an den Niederrhein: Die vier kleineren Düsseldorfer Hausbrauereien Zum Uerige, Im Füchschen, Ferdinand Schumacher und Zum Schlüssel, das Stammhaus der Gebr. Gatzweiler, sind in der Tat meist bestens besucht. Sie stellen jede für sich ein typisches, von der Konkurrenz deutlich unterscheidbares Altbier her: Das eine zunächst betont malzig, das andere hopfenbetont, eines ausgesprochen vielschichtig – kurzum, jedes Alt findet seine eingeschworenen Liebhaber.
Natürlich wollen wir hier die großen Altbierbrauer der Region – Hannen, Schlösser, Gatzweiler und Frankenheim – erwähnen. Doch sie werden alle überragt, vom Absatz in und um Düsseldorf und im bundesweiten Handel, durch Diebels in Issum. Dort hat man sich erst vor gut zwanzig Jahren ganz auf Alt spezialisiert und damit insbesondere in der gehobenen Gastronomie einen beispiellosen Siegeszug vollbracht. Diebels zählt so schon jahrelang zu den „Hektoliter-Millionären" und hatte in jüngster Zeit mit seinem alkoholfreien und dem leichten Alt einen guten Start.
Bei „Export" dachten Bierfreunde lange Zeit sofort an Dortmund, bei „Alt" an Düsseldorf. Im Fall des „Kölsch" wird die Gedankenverbindung noch viel leichter gemacht: Diese Biersorte darf nur in Köln und seiner nächsten Umgebung gebraut werden. Seine Hauptverbreitung reicht aber darüber hinaus, etwa von Koblenz bis vor Düsseldorf, von Aachen bis in Richtung Sauerland. In Köln selbst gibt es fünfzehn Brauereien, im Hinterland neun. Laut einer Konvention, die das Bundeskartellamt für Kölsch als einzigem deutschem Biertyp anerkennt, ist Kölsch ein obergäriges, helles, hochvergorenes, hopfenbetontes, blankes Bier. Außenstehende hätten Schwierigkeiten, die feinen Unterschiede im Kölsch der verschiedenen Brauereien gleich zu bemerken. Einheimische bevorzugen – nicht anders als in ande-

Wir können nicht genau sagen, wer die erste Gasthausbrauerei neuerer Zeit in Deutschland eröffnet hat. Jedenfalls gehörte Hövels Hausbrauerei von Thier in Dortmund gleich nach 1984 zu den frühen Publikumsmagneten: vorne der Ausschank, hinten der Braukessel, und oft ist die „Bude dazwischen gerammelt voll".

0,25l DM 1.35
Mehrwertsteuer,
Biersteuer

ren bedeutenden Bierstädten – bestimmte Marken, besonders beliebt sind die der Hausbrauereien wie Früh, Päffgen oder Malzmühle. Darüber sollten wir aber nicht die anderen unterschlagen, allen voran die mengenmäßig führenden wie Küppers, Dombrauerei, Gaffels und Hubertus.

Trotz Alt, trotz Kölsch – wir sind in Nordrhein-Westfalen in einer heutigen Hochburg des Pils, mit gesamtdeutscher, sogar grenzüberschreitender Ausstrahlung.

Das war nicht immer so, und eine kurze Rückblende auf die Entwicklung dieser höchst erfolgreichen Sorte kann nicht schaden:

In Pilsen in Böhmen, damals zum österreich-ungarischen Kaiserreich der Habsburger gehörend, braute man lange vor 1842 untergärig mit dem besonders weichen Brauwasser aus Urgestein. Das Bier war aber kaum über die Grenzen Böhmens hinaus bekannt. Zu sehr hatte sich schon das etwas stärkere bayerische Bier – untergärig, haltbar, vollmundig und malzbetont – nach Münchner Art verbreitet. Auch in Berlin und Potsdam hielt man viel davon, und einige Brauereien dort erzeugten selbst seit den dreißiger Jahren des letzten Jahrhunderts Bier nach bayerischen Rezepten. 1842 aber schufen ausgerechnet bayerische Brauer, die bereits zu Hause Ähnliches gebraut hatten, in Pilsen das neue Pilsener: leichter, das heißt mit weniger Stammwürze und Alkohol, heller als alle anderen Lagerbiere und wesentlich stärker gehopft. Die Vorläufer unserer heutigen Pilsener eroberten schnell Österreich-Ungarn, ehe sie nach 1870 auch Berlin erstürmten. Dies machte den expandierenden bayerischen Bieren dort natürlich zu schaffen, gefährdete ihre Beliebtheit aber nie ernsthaft. In den anderen Teilen des deutschen Kaiserreichs brauten die meisten größeren Betriebe bis vor dem Ersten Weltkrieg ebenfalls ein echtes Pilsener oder Pils, oder sie änderten ihr bisheriges Rezept so ab, daß sie zumindest ein dem Pils ähnliches Bier im Sortiment hatten.

Trotzdem dauerte es weitere fünfzig Jahre, ehe Pils sich anschickte, zur dominierenden Sorte in der Gunst der deutschen Biertrinker aufzusteigen. In der Zwischenzeit hatte Paulaner in München 1928 neben dem Dunklen ein Helles erfolgreich auf dem Markt einführen und Dortmunder Export vor allem nach dem Zweiten Weltkrieg im Zuge der Konsumwelle seine Position kräftig aus-

Ein, zwei, drei Alt bei „Zum Uerige" – für viele ist das Düsseldorfs Bierkultur in Reinform.
Beachten Sie das schöne Faß auf der Theke, das „Pittermännchen": Hier wird nur mit Schwerkraft, ohne Kohlensäuredruck, ausgeschenkt. Übrigens verfahren die Wirte in Köln mit dem Kölsch, dem helleren „Vettern" des Altbiers, ebenso.

„Köbes“ nennt man die Kölsch-Kellner in Köln – hier bei Früh – genauso wie die fürs Alt in Düsseldorf. Von der Tracht alter Schankknechte fehlt ihm hier nur die blaue Strickweste mit schwarzen Knöpfen. Für den rechtzeitigen Nachschub in den hohen, zylindrischen Gläsern ist der Kranzträger mit Henkel manchmal fast zu klein. So schnell leert ein Tisch Durstiger die zwölf Gläser.
Rechte Seite: Nur einer von vielen in Köln, der Brauereiausschank von Küppers in der Trankgasse.

bauen können. 1968 trank man in Deutschland zu 57 Prozent Export, Pils erreichte gerade 19 Prozent.
Bis Anfang der achtziger Jahre hat sich das Verhältnis dann aber stark gewandelt. Leichtere Speisen mit dazu passendem, feinerem Bier verhalfen dem Pils zu einem Siegeszug auf breiter Front. Zwar stagnierte der Zuwachs einige Jahre, bis etwa 55 Prozent Marktanteil erreicht waren. Inzwischen hat Pils aber 60 Prozent erreicht – auch durch seine große Beliebtheit in Ostdeutschland. Export nimmt überall weiter leicht ab, alle anderen Sorten, besonders solche mit regionalem Schwerpunkt und hellem, „leichtem“ Charakter wie Weizen, behaupten sich oder legen zu.
Vor Jahren titulierte ein bekannter Fachjournalist besonders fein und gut mundendes Pils als „Premium“. Alle Welt spricht nun davon, manche große Brauerei erzeugt (fast) nur diese eine Sorte – und lebt auch gut davon. Geschützt ist die Bezeichnung Premium-Pils indes (noch?) nicht. Das helle, kräftig gehopfte, für ein Vollbier im Alkoholgehalt an der unteren Grenze liegende Bier wird besonders in der Gastronomie der gehobenen und der oberen Klasse vermarktet. Vielleicht ist es Zufall: Jedenfalls haben bis auf Bitburger in der Südeifel die meisten beim Premium-Pils führenden Brauereien ihren Sitz in Nordrhein-Westfalen. Namen wie König, Krombacher, Rolinck, Veltins, Warsteiner und einige weitere sind weit bekannt. So kann es nicht verwundern, daß diese „Werbekönige“ alle unter den ausstoßstärksten Brauereien zu finden sind.
Es ist den großen Brauern im Westen und Norden Deutschlands – und sicher auch einigen anderen im Süden und Osten – zweifellos gelungen, Pils im allgemeinen Ansehen höher anzusiedeln als alle anderen Biersorten. Natürlich ist Pils nicht gleich Pils. Allein in Nordrhein-Westfalen und der sich ins südliche Nachbarland erstreckenden Eifel gibt es drei unterschiedliche Gruppen: die eher leichten, feingehopften aus dem weichen Sauerländer Wasser, die gleichsam klassischen, herben wie aus Duisburg und die ganz leichten, trockenen, sehr hellen wie aus Bitburg.
Ganz abgesehen von einer oft künstlich aufgebauschten Rivalität zu den anderen Biersorten: Pils ist ein geeignetes Bier zu vielen Gelegenheiten. Alle anderen Biere

Brauereiausschank
Alt Köln
Alt Köln
Wochenknüller
Mettwurst
mit dicken Bohnen
Küchenchef Tip
Heute

Imbiss
Hähnchen Haxen

sind aber genausogut, vorausgesetzt, sie werden fachgerecht gebraut und kommen sortentypisch zum Ausschank. Außerdem sind – salopp formuliert – die Geschmäcker eben verschieden, und es soll Leute geben, die mit einem hopfenherben, trockenen Pils überhaupt nichts anfangen können.

Gute Mischung in der Mitte

In den an Nordrhein-Westfalen südlich angrenzenden Ländern Rheinland-Pfalz, Saarland und Hessen wird man solche „Pils-Muffel" nicht häufig finden. Die Spezies Dunkel-, Weizen- oder Märzen-Liebhaber gibt es erst in Franken, in Bayern und Schwaben in großer Zahl. Gleichwohl werden in den südlich von Rhein- und Sauerland gelegenen Regionen hervorragende Pilsener Biere gebraut, nur nicht in so breitem Maße in ganz Deutschland vertrieben. Und es erspart den Pilsbrauern besonders dort einigen Aufwand, wo die Natur für günstige Voraussetzungen mit weichem Wasser aus kristallinem Gestein oder Sandstein gesorgt hat. So lassen beispielsweise im Schwarzwald, im Westerwald, im zentralen Hessen und im Odenwald große Brauereien wie die in Alpirs-

Hinter dem einfachen Wort „Wäldchestag" verbergen sich für jeden echten Frankfurter einige Jahrhunderte Stadtgeschichte: Heute noch ruht am Dienstag nach Pfingsten nachmittags die Arbeit, Honoratioren und Bürger aller Klassen ziehen in Scharen in den Stadtwald. Erinnert wird mit dem Fest an den erfolgreichen Abschluß der Holzfällsaison, eine früher bedeutende Einnahmequelle der Stadt am Main. Wahrscheinlich trinken die Leute dann sowohl Bier aus Sachsenhausen, von der Brauerei Henninger, als auch von Binding und die Kinder möglicherweise einen Malztrunk von Glaabsbräu, ebenfalls einer größeren hessischen Brauerei.

Heidelberg, Studenten und ihre Kneipen, Biertrinken nach strengen Regeln, begleitet von allerlei Sprüchen: Im „Seppl“ können solche Erinnerungen oder Ahnungen aufkommen, betrachtet man die Parade von herrlichen Krügen mit reichverzierten Deckeln.

bach, Hachenbach, Lich und Mossautal berühmtes Brauwasser, „grüne“ Umgebung und ihr umweltschützerisches Engagement mit den Eigenschaften des Naturproduktes Bier in der Werbung verschmelzen.
„Bitte ein Bit“ ist mittlerweile in vielen Ländern der Welt bekannt. Zumindest in Deutschland muß man fast niemandem mehr erläutern, daß es sich dabei um ein Pils von ganz eigenem, hellem, „schlankem“, aber deutlich hopfenherbem Charakter handelt. Über hundert Jahre brauen die Bitburger schon ihr Pils in größerem Stil und gehörten damit zu den ersten in Deutschland.
In eine ähnliche Größenordnung wie Bitburger gehört Karlsberg in Homburg/Saar, besonders wenn die zum Karlsberg-Verbund gehörenden französischen Brauereien in Metz und Saverne dazugerechnet werden. Für das Pils setzt man in Homburg werblich auf „den Mann im Mann“.
Die Privatbrauerei Königsbacher in Koblenz setzt zu etwa 70 Prozent ebenfalls Pils ab. Es ist etwas schwerer als das Bitburger und wird durch ein vielfältiges Sortiment von Malz bis Festbock ergänzt. Düssel Alt und Richmo-

dis Kölsch, auch Kölsch Leicht werden von Tochterfirmen gebraut. Im Stammhaus der Brauerei Bruch im Saarbrücker Stadtteil St. Johann, dem barokken Gasthof „Zum Stiefel", erhält man als Spezialität ein naturtrübes Zwickelbier vom Faß. Und in Winnweiler in der Pfalz profitiert die rührige Familie Bischoff von gutem Wasser am Fuße des Donnersbergs. Sogar einer der kühlen Felsenkeller aus der Zeit nach 1866, als die Vorfahren zu brauen begannen, wird noch genutzt. Frankfurt am Main, die Geld- und Wirtschaftsmetropole, wird auch mit den großen Namen Henninger und Binding verknüpft. Die wirkliche Größe dieser beiden Brauereien ist allerdings weniger bekannt. Unter dem Markennamen Clausthaler führte Binding vor über zehn Jahren alkoholfreies Schankbier ein. Es dürfte sich inzwischen eine unangefochtene Marktführerschaft gesichert haben.
Wichtig ist für Hessen auch ein leichter Wandel in der Struktur gegenüber den nördlichen Nachbarn: Die meisten der über 35 Brauereien in Hessen setzen im Jahr zwischen 100 000 und 200 000 Hektoliter regional ab. Viele davon haben sich im privaten Brau Ring mit Sitz in Wetzlar zusammengeschlossen, wo man bei der Brauerei Euler unter anderem ein ungefiltertes Landpils ausgeschenkt bekommt. Wie Euler, Bärenbräu in Herborn, Glaabsbräu in Seligenstadt am Main oder auch Rummel in Darmstadt setzen noch andere verstärkt auf Export, werten es sogar mit dem Prädikat Premium auf.

Im Süden ist vieles anders

„Bayern gleich Bier" – heißt es oft. Doch es gibt ja noch Franken, Baden, Württemberg: mit viel Wein, regional auch Most. Im Süden kommen weitere Sorten und Spezialitäten hinzu, die erheblich mehr Marktanteil besitzen als in anderen Teilen Deutschlands: Märzen, Weizen jeder Färbung und Art und – typisch fränkisch – ungespundetes, wenig schäumendes Dunkel sowie Zwickel- oder Kellerbier. Viele starke Biere werden hier gebraut: Bock und Doppelbock in etlichen Varianten und mit Namen, die auf „-ator" enden wie das Münchner Vorbild Salvator, das auf das Jahr 1629 zurückgeht. Bei den starken Weizenbieren enden Bock und Doppelbock auf „-us" wie Pikantus, Aventinus, Sympathikus.

Bereits auf einer der ersten Seiten sahen Sie ein Stückchen vom Münchner Oktoberfest. Jetzt geht es um das eigens dafür gebraute Bier: Anfangs brauten die Münchner ein leichtes Sommerbier. Es ging im heißen Sommer 1872 aber zu früh aus. So schenkte der Schottenhamelwirt eben das stärkere Winterbier, das Märzen, von Spaten in die Maßkrüge aus. Er hatte riesigen Erfolg damit und wurde von den anderen Festwirten nachgeahmt.

Das Stuttgarter Volksfest auf dem Cannstatter Wasen ist ein paar Jahre jünger als das Oktoberfest und ähnelt diesem in vielem. So ist das bei dem prächtigen Schmuck für die robusten Kaltblutpferde der Sechs- oder gar Achtspänner-Bierfuhrwerke; im Bild auf der rechten Seite ein Prachtsexemplar der französischen Rasse Percheron.
Man sagt, der Rummel übertreffe in manchen Jahren den von München sogar beträchtlich (oben).

Nun gibt es zwischen Mannheim, Kulmbach, Stuttgart und natürlich München so manchen „Hektoliter-Millionär". Von den meisten der etwa 170 Betriebe in Baden-Württemberg und der über 700 in Bayern wird aber gerade so viel erzeugt, daß der Kundenstamm und die Gastronomie der näheren Umgebung beliefert werden können. Oft entstehen nur ein paar tausend Hektoliter im Jahr, die aber von Sud zu Sud voller schöner Geschmacksnuancen sein können.
Kann es verwundern, daß im Süden bedeutende Volks- und Bierfeste gefeiert werden? Die drei größten wollen wir kurz vorstellen, stellvertretend für unzählige andere.
Das Münchner Oktoberfest auf der Theresienwiese wird seit 1810 zelebriert, geht auf die Hochzeit eines bayerischen Kronprinzen zurück und übt eine geradezu magische Anziehungskraft aus. „Oktoberfestbier" ist ein geschütztes Warenzeichen, es wird von sechs der sieben Münchner Brauereien auf „der Wies'n" ausgeschenkt. Seit 1872 handelt es sich bei dem Festbier um ein tiefgoldenes Märzen von malzaromatischem, nicht zu hopfigem Geschmack.

Fast zeitgleich jeden Herbst ist das Stuttgarter Volksfest auf dem Cannstatter Wasen Magnet für Millionen: zwei Wochen Volksfestbier, Vesper aller Art und ein mächtiger Rummel. 1818 befahl Wilhelm I., der württembergische König, zu diesem Fest aufzurufen. Der bäuerliche Ursprung der Großveranstaltung ist immer dann gut zu erkennen, wenn die Landwirtschaft daneben ihr Hauptfest abhält.

Anders die Erlanger Bergkirchweih: Stets um Pfingsten strömen seit bald 240 Jahren die Besucher auf „den Berg". Dies ist eine lange Reihe von noch älteren Felsenkellern, die einst von Erlanger Brauereien im Berg angelegt wurden. Die Brauer bieten ein besonders süffiges Märzen an, dazu gehört ein passendes Vesper, das man auch selbst mitbringen kann. Und blühen gerade die Kastanien, dann sitzt es sich im Freien besser als in einem Festzelt.

Die große Zahl süddeutscher Brauereien zwingt zu einer schmalen Auswahl. Beginnend im Westen, im Schwarzwald, fällt uns in Grafenhausen im Hotzenwald die Badische Staatsbrauerei Rothaus, einst Klosterbrauerei Sankt Blasien, auf. Ihr Aushängeschild ist das Spitzenpils „Tannenzäpfle", das wie die anderen Sorten aus unaufbereitetem, weichem Schwarzwaldwasser gebraut wird. Hauptprodukt der Fürstlich-Fürstenbergischen Brauerei in Donaueschingen ist ein unverwechselbares, kräftigeres Pils, das in der Gastronomie, sogar der auf Schienen, in ganz Deutschland stark vertreten ist und weltweit exportiert wird.

Mitten im Schwarzwald liegt Alpirsbach. Schon lange wirbt die neben der romanischen Klosterkirche ansässige Brauerei mit der Gedankenverbindung: „Bier gleich Naturprodukt gleich Eintreten für den Umweltschutz". Darüber vergißt man natürlich nicht, sehr gutes Bier zu brauen, wie Pils, Spezial, Klosterbock, Weihnachtsbier und Weizen.

In Karlsruhe verdient neben der großen Sortimentsbrauerei Moninger die Privatbrauerei Hoepfner Erwähnung. Ihre „Bierburg", das zentrale Brauereigebäude vom Ende letzten Jahrhunderts, ist etwas Besonderes, aber auch ihr Carolator, ein Doppelbock, und das dunkelrubinfarbene Porter, das wohl einzige deutsche Starkbier englischer Brauart. – Auch in Karlsruhe ansässig, aber viel kleiner ist Vogelbräu, eine moderne Gasthausbrauerei. Rudi Vogel

Lange hielt man Schmitt im thüringischen Singen bei Stadtilm für die „kleinste gewerbliche Brauerei Deutschlands". Rund 1600 Liter die Woche betrug in DDR-Zeiten die Produktion des Familienunternehmens, jetzt werden sicher 2000 erreicht.
Im schwäbischen Flözlingen bei Rottweil lebt Familie Schittenhelm von noch weniger. Ihre Hirschbrauerei erzeugt die Woche etwa 800 Liter. Ihr Hauptprodukt: ein würziges, nur einmal gefiltertes Vollbier, nach 200 Jahre altem Rezept. Das Sudhaus steht unter Denkmalschutz, die Bügelverschlußflaschen bleiben nie lange voll. Sollten sie auch nicht, denn garantiert haltbar ist das Bier höchstens vier Wochen.

An kaum einem bayerischen Maibaum fehlt die Darstellung des ehrbaren Handwerks der Bierbrauer. So auch in München, auf dem Viktualienmarkt, anläßlich des jährlichen Brauertags.

begann 1985 mit unfiltrierten Bieren. Und Rauchweizen ist eines seiner jüngsten „Kinder".

Mit dieser Spezialität hatte die große Mannheimer Brauerei Eichbaum schon Jahre davor Erfolg, ebenso mit ihrem Pils, auch in der leichten Variante.

Der Distelhäuser Brauerei, am anderen Ende Nordbadens bei Tauberbischofsheim beheimatet, gelang es 1992, gleich fünfmal den großen DLG-Preis (DLG = Deutsche Landwirtschafts-Gesellschaft) zu erringen. So viele Auszeichnungen auf einmal sind selten, also müssen Premium-Pils, Märzen und andere Sorten aus Distelhausen die Prüfer einfach wieder überzeugt haben.

Im Norden des Landes produzieren einige mittelgroße Betriebe immer wieder preisgekrönte Sorten, beispielsweise Häffner-Bräu Bad Rappenau, Palmbräu Eppingen, Herbsthäuser oder die Löwenbrauerei Schwäbisch Hall.

In Stuttgart brauen die drei Großen – Dinkelacker, Hofbräu und Schwaben Bräu – alle ein breites Sortiment charakteristisch heller, weicher Biere. Für CD-Pils von Dinkelacker, ein Premium, wird heftig geworben. Mit dazu gehören die Marken Sanwald, mit Weizenbieren, und Cluss in Heilbronn, unter anderem mit Kellerpils.

Hofbräu-Bier ist in der Regel ein malzigerer Geschmack zu eigen als dem der örtlichen Konkurrenz. Die beiden Rivalen Hofbräu, ein ehemals königliches Brauhaus, und Dinkelacker liegen nur etwa einen Kilometer voneinander entfernt.

Die Biere von Schwaben Bräu in Stuttgart-Vaihingen zeichnet eine gute Herbheit aus. Außerdem legt man hier Wert auf „beste schwäbische Braugerste aus integriertem Anbau, Tettnanger Aromahopfen" und schöne Bügelverschlußflaschen. Im ehemaligen Eiskeller der Brauerei ist ein sehenswertes Brauereimuseum über mehrere Etagen verteilt.

Neben dem schon erwähnten Volksfest – wo auch die Waldhornbrauerei aus Plochingen ein Zelt hat – mit eigens gebrautem Festbier wird die Bierkultur in und um Stuttgart zeitgemäß ergänzt: In der Gasthausbrauerei Calwer-Eck-Bräu fließt ein unfiltriertes Pils ins Glas der Gäste. Zum Rossknecht in Ludwigsburg gehört in dieselbe Kategorie „Brauen zum Anfassen", ebenso der Schwarze Adler in Leonberg und Stadler Bräu in Filderstadt, wo es sogar Bierschnäpse gibt.

Feierlich wird alle zwei Jahre der Brauertag mitten in der Münchner Innenstadt begangen. Unter der Obhut des „Münchner Kindl" ziehen prächtige Gespanne aller großen, in München ansässigen Brauereien vor großer Zuschauerkulisse durch die Straßen.

Machen wir einen Sprung in die südlichen Landesteile, wo sich mancher Besuch sicher besonders lohnt. So zum Beispiel im malerischen Haigerloch, wo die Schloßbrauerei den „Römerturm" auf ihr Etikett druckt und viel Export, Urstoff genannt, verkauft. Ein ehemaliger Felsenkeller der Brauerei diente im Zweiten Weltkrieg der Kernforschung, heute ist da das Atomkeller-Museum eingerichtet. Und versuchen wir noch: ein Märzen oder ein Bock im Festsaal des Brauereigasthofs Pflug in Rottweil; ein Zwickel-Pils vom Faß der Hirschbrauerei Honer in Wurmlingen bei Tuttlingen und natürlich Hirsch-Bier in Flözlingen nahe Rottweil (siehe auch Seite 71). Selbst im kleinen Ort Berg bei Ehingen sind noch zwei Brauereien aktiv. In einer, der Berg Brauerei, wird selbst gemälzt, und als Besonderheiten aus dem Sortiment ragen ein Hefeweizen vom Faß sowie das Ulrichsbier, ein recht dunkles, süffiges Spezial. Nicht Bier, sondern Hopfen, und zwar Aromahopfen begehrter Qualität, hat Tettnang nahe dem Bodensee bekannt gemacht. Von fast 8000 Hektar Anbaufläche noch 1884 in verschiedenen Gebieten Württembergs ist einzig die Region um Tettnang, Meckenbeuren, Kreßbronn und Neukirch verblieben: etwas über 1500

Hektar, zum Vergleich die Holledau mit etwa 18 000 Hektar.

Auf nach Bayern!

Zunächst ein Blick auf fast tausend Jahre Vergangenheit: In vielen Klöstern waren damals Brauereien entstanden, anfangs vor allem für den Eigenbedarf. Dann aber verkauften die Mönche ihr gutes Bier an Pilger und andere Reisende. Hat jetzt Weihenstephan, 1040 gegründet, oder Kloster Weltenburg am Juradurchbruch der Donau die ältere Brauerei? Die Experten streiten darum. Gebraut wird jedenfalls an der Donau seit etwa 1050, und das ununterbrochen. Das süffige Dunkel kann man je nach Gemütslage vor oder nach einem Besuch in der barocken Kirche der Gebrüder Asam genießen.
Weihenstephan ist für sein Weizen bekannt, wie ja Weißbier in Bayern überhaupt eine starke Stellung besitzt. Sicher ist ein Grund dafür, daß die bayerischen Kurfürsten gleich nach 1600 Weißbierbrauen nur noch in ihren Hofbräuhäusern zuließen, das dort hergestellte Obergärige aber überall im Land an die anderen, mit der untergärigen Methode arbeitenden Brauer verkauften. Zwei Jahrhunderte sicherte das den

„Bayern gleich Bier" – wenn man ins Gespräch vertiefte, selbstbewußte Trachtenträger sieht, muß man es glauben. Doch schwingt bei dieser holzschnittartigen Gleichsetzung nicht auch oft ein wenig Neid mit? Daß man als Nicht-Bayer sich eben nicht so unbefangen an den Tisch mit Maßkrügen setzt?

Leichter als bei örtlichen Festen fällt der Kontakt sicher auf dem Oktoberfest: stämme- und völkerverbindende Stimmung im Festzelt (oben). Spezifisch bayerisch, 1993 sogar zu einer offiziellen Sportart bei der „Bavariade“ in Inzell erhoben: das Maßkrugstemmen (rechts). Glaube aber niemand, sich mit muskelbepackten Bayern messen zu dürfen … Der Maßkrug ist ein echtes Sportgerät aus Metall, über 5 Kilogramm schwer, und ihn am ausgestreckten Arm länger als eine halbe oder gar ganze Minute zu halten, erfordert hartes Training!

Fürsten gute Einnahmen, bis zur Einführung der Gewerbefreiheit nach 1800. – Es gibt ein altes Sprichwort: „Traunstein und Erding, Vilshofen und Schärding sind in Bayern der Orte vier, wo man braut das beste Bier." Es bezieht sich in erster Linie auf gutes Weißbier, dem „Champagner unter den Bieren". – Wir erwähnen noch das ganz bekannte Weizen aus Erding, sagen damit Kennern nichts Neues, daß sich noch zahlreiche Brauer, große und kleine, in München, in Kelheim, in Bayreuth darauf bestens verstehen.

Und wir vergessen das Traunsteiner Hofbräuhaus nicht: Nach der Gründung 1612 durch Kurfürst Maximilian I. gehörte es zu den ersten privilegierten Weißbierbrauereien, ging 1806 in bürgerliche Hände über, und seit 1896 lenkt Familie Sailer die Geschikke. 1975 verlieh die DLG acht Traunsteiner Sorten eine Goldmedaille. Heute gibt es noch mehr Sorten, nicht nur Weizen. Seit einigen Jahren betreiben die Traunsteiner Gasthausbrauereien, so im ehemaligen Großhesseloher Isartalbahnhof, in Köln oder gar in Los Angeles – stets in denkmalgeschützten Objekten –, und haben großen Erfolg damit.

Es wird Zeit, zum Kloster Andechs zu pilgern: Hoch über dem Ostufer des Ammersees sind die Brüder Bierbrauer auf oft gewaltigen Ansturm eingerichtet. Auch Fromme können über dem malzigen Dunklen oder gar Bockbier samt deftiger Brotzeit im Freien oder drinnen schon einmal das eigentliche Ziel ihrer Wallfahrt, die weithin sichtbare Rokokokirche, vergessen.

Klosterbräu Irsee bei Kaufbeuren ist zwar kleiner, aber vielen ein Begriff: durch den ungefilterten Kloster-Urtrunk, das Klosterstarkbier oder das Irseer Kloster Pils. Hier ist auch der Kopf der Privaten Brauereigasthöfe und Hotels zu suchen, einer Vereinigung von Betrieben vor allem in Süddeutschland, wo man oft beim Brauen zuschauen kann.

Weiter nach Marktoberdorf. Da sitzt Sailerbräu, und zu deren Sortiment gehören zwei bekannte Spezialitäten: Altenmünster Brauerbier, ein schweres Export in herrlichen Bügelverschlußflaschen, ebenso das Rauchenfelser Steinbier, das in Neustadt bei Coburg gebraut wird.

Jetzt aber wieder in die bayerische Hauptstadt: Wenn auch in Dortmund mehr Bier produziert wird, besitzt doch München

Für die Spezialität Rauchenfelser Steinbier beruft man sich auf eine alte Tradition, und seine Herstellung ist wirklich ungewöhnlich: Der Sud wird durch glühende Grauwakkensteine erhitzt, wodurch Rauchigkeit, Bittere und wohl auch die erfrischende Säure im Geschmack entstehen.

Einen milden Seitenhieb wollen wir Ihnen doch nicht vorenthalten: München und die traditionellen Wies'nwirte versagen dem wittelsbachischen Prinzen Luitpold bis heute ein eigenes Festzelt auf dem Oktoberfest. Zwar ist er Nachfahre von König Ludwig I., dem Gründer des Festes, auch betreibt er eine Gasthausbrauerei in München, doch alles das nützt ihm (noch?) nichts.

einen weltweiten Ruf als „Bierstadt". So trägt zum Beispiel Löwenbräu dazu bei: Export von Hunderttausenden Hektolitern Bier aus München in alle Welt und Millionen Hektoliter Lizenzherstellung in etwa einem Dutzend Ländern, was Löwenbräu zur insgesamt ausstoßstärksten Münchner Brauerei macht. Das Platzangebot vom Löwenbräukeller und vom Biergarten im Englischen Garten ist auch auf großen Ansturm eingerichtet.

Über das Oktoberfest wurde schon berichtet, ebenso über die starke Stellung des obergärigen Weizenbiers in München, in Bayern allgemein. Dabei haben ja wichtige untergärige Sorten ihren Ursprung in Bayern, werden auch hier viel getrunken: Helles, Märzen, Export, Bock, Doppelbock – und immer wieder Dunkles nach alter Münchner Art.

Alt ist der Brauch der Starkbiersaison, der „fünften Jahreszeit" Ende März, jener vierzehn Tage in der Fastenzeit, die auch als „Frühjahrskur" bezeichnet werden. Man trinkt dann Doppelbock wie den Salvator bei Paulaner, Maximator im Augustinerkeller, Doppelspaten Optimator, Animator von Hacker-Pschorr oder St. Jacobus Blonder Bock mit 19 Prozent Stammwürze im Bräustüberl der kleinen Forschungsbrauerei.

Bis in den April hinein ist Doppelbock angebracht, um Leib und Seele zu erwärmen. Danach erfüllt das „einfache" Bockbier den gleichen Zweck, nach der Zeit des Anstichs auch Maibock genannt. Diesen Brauch feiern aber Bierfreunde genauso in allen anderen Teilen Deutschlands. Als klassisch gilt indes der Maibock des Münchner Hofbräuhauses am „Platzl".

Genau gegenüber, im Restaurant Platzl-Bräu, finden Sie ebenfalls ausgezeichnetes Bier: zum Beispiel den Doppelbock Fortunator, den malzigen Maibock oder das malzig-fruchtige Altbairisch Dunkel. Gebraut und dort ebenso ausgeschenkt werden sie in Aying, einer Dorfbrauerei mit Gasthof südöstlich von München.

Im 19. Jahrhundert gingen von der Münchner Spatenbrauerei wichtige Impulse aus. Um 1830 begann Gabriel Sedlmayr junior, wissenschaftlich fundiert die Braumethoden zu verbessern: Gebrauch von Saccharometern, Verbreitung des untergärigen Brauens, bessere Lagerfähigkeit dank der ersten Kältemaschine, die Carl von Linde bei Sedlmayr in Ruhe entwickeln konnte und

Größer könnte der Gegensatz zur Stimmung im Festzelt kaum sein.

1873 zum Einsatz brachte. 1876 eröffnete Sedlmayr das erste dampfbeheizte Sudhaus der Welt, Konkurrenten zogen nach und behielten ihren Namen „Dampfbrauerei" zum Teil bis heute.
Das Dunkel Export, das Spaten Hell und das Ur-Märzen neben dem bereits genannten Doppelbock ragen aus dem aktuellen Sortiment von Spaten-Franziskaner hervor.
Wittelsbachische Nachfahren von Ludwig II., Bayerns beliebtestem König, besitzen die Schloßbrauerei Kaltenberg nahe Geltendorf und betreiben in München eine Hausbrauerei. Den Namen des weltberühmten Ahnen setzen sie geschickt für ihr Dunkel ein, das die alte Tradition des Münchner Dunkel abgewandelt wiederbelebt: malzbetont, aber herber als die meisten sonst.
Es bleibt nun Ihnen selbst überlassen, weitere bayerische Biergärten, Brauereien, Gasthöfe zu entdecken und zu genießen. Denn es wird Zeit, die Reise Richtung Franken fortzusetzen, mit einem Abstecher in die Oberpfalz.
Zuvor jedoch ein Blick in die Holledau oder Hallertau, das weltweit größte Hopfenanbaugebiet. Um Mainburg, Au, Geroldshausen und Wolnzach, zwischen Donau

Bamberg, Stadt der sieben Hügel – hier der Blick zum Dom – und für viele der „Nabel der (nicht nur fränkischen) Bierwelt“ (oben). Eine wichtige Adresse für die Bamberger Spezialität Rauchbier ist die Gaststätte „Schlenkerla“ (rechte Seite).

und Isar, erstreckt sich eine sanfthügelige Landschaft mit tief verwitterten, lehmigen und humusreichen Böden. In Verbindung mit dem gemäßigten Klima bringen sie alle für den Hopfen notwendigen Voraussetzungen mit. Auf über 18 000 Hektar werden hier die in Deutschland mit Abstand größten Erntemengen an Bitter- und Aromahopfen erzeugt – und wird jedes Jahr eine Hopfenkönigin gewählt.

In und um Neumarkt in der Oberpfalz ist die Brauerei Glossner tätig. Man läßt sich manches einfallen: ein schöner Stammbaum über 13 Brauer-Generationen an der Wand, ein Museum, Unterstützung des Busverkehrs während des Jura-Volksfestes im Sommer, und natürlich – ein vielfältiges Sortiment, zum Beispiel Hopfengarten-Pils, Mariahilfberger Fastenbier oder Torschmieds Dunkel.

Bei dem ebenfalls in Neumarkt beheimateten Lammsbräu wird konsequent mit Rohstoffen aus ökologischem Landbau gebraut: als Pionier-Sorte dunkles Hefeweizen („Schwarze Weiße“), dann Öko-Pilsner, Öko-Dunkel, Öko-Leicht und Leichtes Öko-Hefeweizen. 1984 gründete man in Nürnberg die Hausbrauerei Altstadthof,

wo goldbraunes Dunkel mit altbewährten Maschinen und Gerätschaften erzeugt wird und ungefiltert vom Holzfaß in den Ausschank kommt. Die Hefe stammt aber von Lammsbräu.
Weiter östlich liegt Amberg. Mit einem herrlichen gotischen Rathaus als Zentrum, gilt die oberpfälzische Stadt ebenfalls als Bierhochburg. Zehn Brauereien bei knapp 50 000 Einwohnern, da bleibt kein Bierfreund unversorgt. Natürlich brauen in der Oberpfalz viele weitere Betriebe. Bekannte Gasthöfe sind darunter, Magnete für durstige Pilger auf Wallfahrt und für Freunde guten Biers.
In Bayreuth in Oberfranken, der Stadt der Wagnerfestspiele, sitzt die Spezialitätenbrauerei Maisel. Mit dem Dampfbier, einem sehr fruchtigen Obergärigen, heller als Düsseldorfer Alt, wird an die inzwischen stillgelegte Brauereianlage aus der Gründerzeit erinnert. Sie steht weiter für Führungen zur Verfügung. In der heutigen Brauerei entstehen bayerisch geprägte Spezialitäten wie das tiefbronzene Hefe-Weißbier und der goldbraune Weizenbock, aber auch das alkoholfreie Kritzenthaler nach Pilsner Art. Die Maisels gelten als Vorkämpfer der Ausbreitung des Weizenbiers.

Doch nun nach Kulmbach, in eine richtige Bierhochburg: Das EKU-Pils der Ersten Kulmbacher Actienbrauerei ist so vollmundig, wie es Kenner einem süddeutschen Premiumpils gerne zugestehen. Und wie die starke Spezialität EKU 28 (28 % Stammwürze) entsteht, sei hier skizziert: Eine kurze Zeit während der neun Monate Lagerdauer wird das Bier eingefroren. Sein Alkoholgehalt kann so noch erhöht werden, denn das Eis, das man entnimmt, ist fast reines Wassereis. Im flüssigen Rest erreicht der Alkoholgehalt rund 12 Prozent. Darin kommt dem EKU 28 nur das Samichlaus der Züricher Brauerei Hürlimann gleich, das auch eine ähnlich hohe Stammwürze aufweist.
Ähnlich verläuft die Herstellung des Eisbock „Bayrisch G'frorns" von Kulmbacher Reichelbräu. Hier kommen 24 Prozent Stammwürze und 10 Prozent Alkohol heraus, die sich hinter einem dichten, vielschichtigen Geschmack beinahe verbergen. – Am besten schmeckt solch starkes, ausgeprägt malziges Bier eiskalt, wie ein Aperitif.
Was wäre an Kulmbacher Bierspezialitäten sonst zu nennen, neben Export, Märzen, Pils? Vielleicht

Ungespundet (siehe auch S. 83) heißt, daß die Lagerung ohne Kohlensäure-Gegendruck erfolgt. Dieser ehemals von München aus verbreitete dunkle Biertyp ist dort nur noch vereinzelt erhältlich, in Franken jedoch alltäglich. Sticht man den Lagertank mit ungefiltertem Bier schon vor Abschluß der Kräusenbildung an, dann fließt milchigtrübes, sehr nuancenreiches Kräusenbier ins Glas. Warten die Brauer mit dem Ausschank ab, bis sich die Trübstoffe im Faß gesetzt haben, dann handelt es sich um erheblich klareres Kellerbier.

Berliner Bier: Das ist nicht nur die Berliner Weiße, diese erfrischende, spritzige Spezialität ohne oder mit Schuß. Bereits nach 1830 kamen die kräftigeren bayerischen Biere in der alten deutschen Hauptstadt in Mode. Und ein paar Jahrzehnte später eroberte sich Pilsner Bier den Geschmack der Berliner und Preußen. Man merkt's bis heute: Berliner Kindl braut außer viel, viel Weiße auch jede Menge Pils.

das Fränkische Urbier und Kapuziner Schwarze von Reichelbräu, Kloster-Schwarz-Bier („das schwarze Pils") vom Mönchshof oder der dunkle Doppelbock Urstoff.

Kann es eine Steigerung zu den Millionen Hektolitern Bier jährlich aus Kulmbach geben? Manche Franken – so sie überzeugte Biertrinker sind – sagen: Bamberg ist der Nabel der Welt ... Sie meinen damit die schöne, alte Stadt selbst, mit sieben Hügeln wie Rom, aber etwa einem Dutzend Brauereien und Mälzereien, sie denken an die Umgebung, an Memmelsdorf oder Buttenheim am Rand der Fränkischen Schweiz, an Lisberg oder Burgebrach am Rand des Steigerwaldes. Hier und an anderen Orten kann man noch auf zwei, drei kleinere und kleinste Brauereien stoßen. Betreiben die Brauersfamilien dazu eine Gast- und Landwirtschaft, so bedeutet das jede Menge Arbeit und öfters auch Probleme mit der Nachfolge. Aber nur genügend Gäste helfen mit, diese Biervielfalt zu erhalten.

Fast alle Brauer um Bamberg schenken das typisch fränkische Lagerbier aus, das seine Färbung vom dunklen „Münchner Malz" erhält, in der Regel nicht gefiltert wird und ungespundet bleibt.

Eine Spezialität Bambergs ist auch das Rauchbier. Zwar verwenden ganz wenige Brauereien das über-

offenem Buchenholzfeuer gedarrte Grünmalz, um ihrem Sud den charakteristischen Rauchgeschmack zu verleihen, doch bekannt sind dafür allemal: die Brauerei Spezial, das Heller-Bräu – nach einem früheren, den Arm schlenkernden Besitzer „Schlenkerla" genannt – und die Kaiserdom-Brauerei. Rauchbier wird je nach Jahreszeit als Lager, Märzen oder auch Bockbier eingebraut. Als weitere Besonderheiten gelten das Echte Bamberger obergärige Zwergla der Brauerei Fäßla, das „Ächd Bambärchä Schwärzla" des Klosterbräu – nicht zu verwechseln mit einem Rauch- oder normalen Dunkelbier – und das „U", gleich Ungespundete, von Mahrs-Bräu, ein Kellerbier, das ohne Kohlensäure in offenen Fässern lagert. Nun ein Wort zu Frankens „Kellern": Kellerbier bedeutete früher die Kellerlagerung im Sommer, ganz ohne Kühlmaschine. Heute verbindet man damit den Ausschank „auf den Kellern": vor dem alten Felsenkeller, auf Holzbänken, an Holztischen, unter alten Bäumen. Beispielsweise in Wettelsheim bei Treuchtlingen soll sich noch solch ein idealer Brotzeitplatz finden, fränkisches Gegenstück zum bayerischen Biergarten.

In Unterfranken mischen sich dann süd-, west- und norddeutsche Einflüsse und spiegeln sich im Sortiment mancher Brauerei wider. So erhält man von Würzburger Hofbräu neben Pilsner den Doppelbock Sympator oder Julius-Echter-Hefeweißbier. Bei der großen Privatbrauerei Eder in Großostheim bei Aschaffenburg wird sogar ein Alt gebraut. Und bei Will in Motten, unweit der höchsten Rhönberge, reicht das Sortiment vom Pils de Luxe über Märzen bis zu Alt und Urbock.

Von Thüringen und Sachsen über Berlin zur Ostsee

In Ostdeutschland wurde schon immer etwa gleich viel Bier getrunken wie im Westen, nur gab und gibt es unterschiedliche Vorlieben: Über 70 Prozent der befragten Biertrinker zwischen Erzgebirge und Ostsee greifen als erstes zu einem Pils. Wer Export bevorzugt, hält sich im Westen wie im Osten etwa die Waage, zwischen 22 und 25 Prozent. Dagegen hat Weizenbier im Osten noch einen schweren Stand, ist eigentlich nur in und um Berlin in der speziellen Form der Berliner Weißen verbreitet. – Überhaupt Berlin, insbesondere Westberlin: Die Bewohner der größten deutschen

Eine Bier- und Burgenstraße genannte Strecke gab es vor einiger Zeit von Kulmbach bis Saalfeld. Schauen Sie einmal selbst nach, ob sie inzwischen verlängert wurde, bis Bayreuth einerseits, bis Weimar andererseits.

An Christi Himmelfahrt heißt's in Deutschland West wie Ost: Väter jeden Alters, vereinigt Euch zu kleinen Trupps, ziehet los mit dem Leiterwagen, darauf ein Fäßchen Bier ... Wollen Sie, ob nun schon selbst Papa oder nicht, nicht mitgehen mit diesen zwei „Vatertags-Wanderern" im Zittauer Gebirge im äußersten Südosten Sachsens?

Stadt mögen es verzeihen, daß wir sie hier einfach den umgebenden Ländern zuschlagen. Das hat aber den praktischen Grund, die einmal begonnene, gemächliche Reise durch die deutschen Bierlandschaften zwanglos zu beenden. Wir kommen aus Franken, vielleicht von Coburg her, und erreichen mit Thüringen eine weitere Hochburg deutscher Bierkultur. Von allerkleinsten Dorfbrauereien (siehe auch Seite 71) bis zu großen, in jüngster Zeit auf modernsten Stand gebrachten Braustätten sind allerlei Varianten vertreten. Am Beispiel Erfurts, der thüringischen Landeshauptstadt, sollen die lange Tradition und jüngste Entwicklungen skizziert werden. Im frühen Mittelalter bauten sich nur die Klöster Brauhäuser, seit dem 10. Jahrhundert dann auch Privatleute in den entstehenden Städten. Wohl schon im 15. Jahrhundert begann sich ein bekannter Gegensatz herauszubilden: Das untergärige Bier kam neu auf, das mit Hilfe von Eiskühlung und Hopfen erzeugt wurde. Am althergebrachten obergärigen, süßen, hopfenfreien Bier hielt man noch lange Zeit in Mittel- und Südthüringen fest.
Heute braut in Erfurt der große Betrieb Braugold-Licher Sorten wie Spezial, Hell und Bock. – Gleichzeitig wirft das Stichwort

Licher ein Licht auf die wirtschaftlichen Erschütterungen, denen viele große Brauereien der ehemaligen DDR um das Jahr 1990 unterworfen waren. Der Doppelname der Erfurter deutet darauf hin, daß Braugold durch die hessische Privatbrauerei Ihring-Melchior in Lich aufgekauft wurde. Ähnlich suchten damals zahlreiche andere Brauereien ihr Heil in der Suche nach einem starken westdeutschen Partner. Dahinter steckte der dramatische Nachfrage- und Absatzrückgang, der fast alle Betriebe gleich nach der Öffnung der Grenzen erfaßt hatte. Wer hätte es den Bierfreunden an Saale, Elbe, Spree und Oder auch verdenken können, daß sie zunächst einmal westdeutsches Bier sogar vom Lkw herunter kauften? Bekamen sie doch immerhin, gleich von welcher Marke und in welchem Behältnis, ein zumindest nach dem Reinheitsgebot erzeugtes Bier. Erstklassige Rohstoffe hatten nach dem Zweiten Weltkrieg nur die wenigsten DDR-Brauereien verbrauen können. Ersatzstoffe wie Reis und Mais sowie chemische Zusätze, die dem Bier Geschmack und Haltbarkeit verleihen sollten, wurden von fast allen der über 250 Betriebe verwendet. – Radeberger und Wernesgrüner sind zwei sehr bekannte Marken, die jedoch immer nach dem Reinheitsgebot brauten. Das Bier konnten sich normale DDR-Bürger aber selten leisten, wenn sie nicht über Devisen verfügten.
Inzwischen hat sich die zeitweise turbulente Lage wieder weitgehend stabilisiert. Zum einen haben sich viele Biertrinker in den östlichen Bundesländern auf ihr einheimisches Bier besonnen, haben sich von den Verbesserungen überzeugen lassen. Zum andern gelang es etlichen Betrieben, ihre Anlagen auf einen hochmodernen Stand zu bringen. Und so sind einige ostdeutsche Brauereien jetzt der westdeutschen Konkurrenz – mindestens technologisch – überlegen. Der Zuwachs von annähernd 40 Prozent beim Ausstoß im Jahr 1992 ist Ausdruck dieser Entwicklung.
Nun aber weiter mit einzelnen Bieren, in ungefähr geographischer Reihenfolge von Süd nach Nord. Das Bier aus Wernesgrün im Vogtland diente schon vor Jahren als inoffizielles Zahlungsmittel, als „flüssige Währung“ in der DDR. Seit der deutschen Einheit hat die Beliebtheit des nicht zu herben, vollwürzigen Pils nicht gelitten, im Gegenteil,

Klein ist noch die weitaus größte Zahl an Brauereien in Deutschland, trotz zunehmender Konzentration. Sei's drum, wenn das Bier mundet, spielt die Größe des Sudkessels keine Rolle, zum Wohl!

Im Haupttext brachten wir einen Spruch zur Güte der Leipziger Gose. Ein besonders schöner zur Wirkung lautet: „Und in Leipzig, in der Kneipe gibt's ein Bier, heißt Gose. Wenn man denkt, man hat's im Leibe, hat man's in der Hose." Allein die Flasche und das schlanke Glas, eines obergärigen, moussierenden Getränks würdig, sind schon sehenswert.

jetzt steht Wernesgrüner in Sachsen mit an der Spitze.

Die Radeberger Exportbierbrauerei östlich von Dresden ist seit langem genauso bekannt. Das feine Radeberger Pils erhielt 1905 den Beinamen „Tafelgetränk Seiner Majestät des Königs Friedrich August von Sachsen", und diesen Ruf pflegt man, erobert Märkte damit.

„Was unter den Blumen die Rose, ist unter den Bieren die Gose." Diesen Spruch dürften nicht nur Leipziger kennen. Er drückt natürlich einen gewaltigen Anspruch aus. Verheißt er doch, daß es nichts Schöneres gibt in dem von prangenden Blüten geschmückten Bier-„Garten" als diese obergärige Spezialität: Die historische Gose wurde aus Hopfen, Malz, Wasser und unter Beifügung von Milchsäure – anstatt Hefe – hergestellt. Heraus kam ein moussierendes, säuerliches und sogar eine Spur salziges Bier. Sind das die Dornen der prächtigen Blume? – In Holzfässer abgefüllt, erreichte die Gose von Leipzig aus die Wirtschaften der näheren Umgebung. Weil das Bier schon unterwegs weiter gärte, bestimmten die Wirte selbst durch die Lagerzeit, was ausgeschenkt wurde: junge, mittlere oder alte Gose, abgefüllt in flachbauchige Flaschen ohne Verschluß. Jetzt gibt es wieder Gose, und die Leipziger Brauerei Sternburg scheut keinen Aufwand, sie allen auf Tradition bedachten Biertrinkern zu bieten.

Auerbachs Keller in Leipzig, in der Weltliteratur durch längere Passagen in Goethes Faust verewigt, kann man nicht mit Bier einer speziellen Marke verbinden. Gleichwohl haben wir das beliebte Lokal abgebildet, auf Seite 160 neben einem Gericht, das in dem berühmten Keller sicher gut zu verspeisen wäre.

In Altenburg wird die Höhlerbier-Tradition wiederbelebt mit einem Bier namens Privileg: hell, von bernsteinfarbenem Glanz und feinem, spritzigem Geschmack. Der historische Hintergrund ist, daß früher nahezu jeder Altenburger Bürger auch Brauer war. Dank eines landesherrlichen Privilegs von 1256 versorgte die Stadt den weiteren Umkreis mit Gerstensaft.

In Halle erzeugt Meisterbräu unter dem Motto „meisterhaft – meisterlich – Meisterbräu" ein komplettes Sortiment Biere vom kräftigen, starkgehopften Pils bis zum dunklen, malzigen Bock. Und die Brauerei Dessau vermittelt mit ihrem Premiumpils Castor den

herberen, norddeutschen Biergeschmack.
Machen wir den Sprung nach Berlin. Speziell der Berliner Weißen, dem „Spree-Champagner“, steht dieses auf Weizenbiere gemünzte Prädikat sicher zu. Gab es sie früher noch in verschiedener Stärke, so hat sich längst eine Weiße mit Stammwürze von 7,5 bis 8, gerade 3 Prozent Alkoholgehalt und ganz leichter Hopfenbittere durchgesetzt, also Schankbier. Neben Gerstenmalz wird zwischen 25 und 50 Prozent Weizenmalz verwendet, und zu einer zweiten Gärung in der Flasche werden Milchsäurebakterien zugesetzt. Eine gute Weiße ist ganz hell, ausgeprägt spritzig und besitzt eine fruchtig duftende Blume und herben, trockenen Geschmack. All das paßt zum typischen, sektschalenähnlichen Glas. Ungewöhnlich wird es erst, wenn Weiße durch einen Schuß Himbeersirup oder Waldmeisteressenz die Farben einer Verkehrsampel bekommen und mit einem Strohhalm getrunken werden. – Doch anderswo gibt es ja auch die Mischung Export- oder gar Weizenbier mit süßem Sprudel …
Ob hellgelb, rot oder grün, Berliner Weiße ist eine hervorragende Durstlöscherin, gilt als typisches Sommergetränk. Schultheiß und Berliner Kindl sind die beiden größten Weißbierbrauereien der Stadt. Man trinkt hier natürlich

Reiche Auswahl Bier in einer Rostocker Gaststätte. Die Menschen an der Ostsee mögen zwar auch Spirituosen wie Mecklenburger Weizenkorn oder Aquavit, am besten munden die härteren Alkoholika aber zu herbem Pils.

AMSTEL BIEREN
AMSTELBROUWERIJ
AMSTEL
BIER
AMSTERDAM ® HOLLAND
RESTAURANT

noch viele andere Typen Bier, es fällt aber auf, daß aus alter Verbundenheit mit bayerischen Brauern bei den Berlinern das Bockbier hoch im Kurs steht.
Zum Abschluß der Reise durch die deutsche Bierlandschaft geht es nach Mecklenburg und Vorpommern. Das „Land mit dem Bindestrich" hat keine ausgeprägten Bierspezialitäten aufzuweisen. Zum einen liefert Gatzweiler aus Düsseldorf Altbier frisch in die Fässer von Gaststätten zahlreicher Ostsee-Badeorte. Dann hat natürlich die heimische Brauwirtschaft Anständiges zu bieten: Aus der Rostocker Brauerei, einer Tochter von Beck in Bremen, kommen ein rundes, nicht zu herbes Pils, ein heller und dunkler Bock sowie von Mitte April bis Mitte Juni ein Maibräu.
Und damit hat sich der Kreis durch die vielfältige deutsche Bierlandschaft geschlossen.

Bier in Europa und in aller Welt

Deutsches Bier ist zu Recht berühmt, München mit seinem Oktoberfest Vorbild für etwa 170 Feste gleichen Namens. Es gibt bei uns mehr Brauereien als zusammen in ganz Europa. Manche Braukonzerne dort erzeugen im Jahr zehn- bis zwanzigmal soviel wie die größten deutschen Privatbrauereien. Einige klassische Importmarken – besonders wenn sie nach dem Reinheitsgebot gebraut werden – verkaufen sich hier recht gut. Trotzdem beträgt der Marktanteil von allem Importbier in Deutschland nur wenige Prozent. Und immer wieder kommen „Modebiere" für zwei, drei Sommer lang auf, ehe sie das in der Regel junge, experimentierfreudige Publikum wieder selbst „outet".
Größere deutsche Brauereien exportieren überall dorthin, wo Absatz winkt. Oder man läßt in Lizenz im jeweiligen Abnehmerland brauen, unter aufwendigen Qualitätskontrollen. Die starke Konkurrenz schläft aber nicht. Heineken aus den Niederlanden ist Europas größte Braugruppe mit über 50 Millionen Hektoliter Ausstoß im Jahr und stillt unter verschiedenen Markennamen weltweit den Durst. Pilsener Urquell und Budweiser aus der Tschechischen Republik sind Exportschlager. Und *Sapporo Draft* aus der wichtigsten japanischen Bierbrauerstadt bekommt man längst auch in Europa. – Nun wollen wir Bemerkenswertes vorstellen und Sie zum Probieren ermuntern, hier oder auf Reisen.

Linke Seite: Amstel-Bier aus den Niederlanden wird eigenständig gebraut, die Firma gehört aber wie viele andere zu Europas größtem Braukonzern, Heineken. Und Radsportfreunden fällt da natürlich gleich der Frühjahrsklassiker „Amstel Gold Race" ein ...

Oben: Das Dry Stout von Guinness kann man zu Recht als irisches Nationalgetränk bezeichnen. Es wird mit wenig Schaum ausgeschenkt und schmeckt noch bei Zimmertemperatur, was „kühlen Pilsliebhabern" sicher einiges an Gewöhnung abverlangt.

Damit das Ganze hier nicht zu bierernst wird, ein paar Anmerkungen am Rande: In der früheren Tschechoslowakei soll es sogar vorgekommen sein, daß man den Kneipenwirt, der es wagte, schlechtes Bier auszuschenken, krankenhausreif geprügelt hat.
Und wissen Sie, wie man einen Belgier verrückt macht? – Man sperrt ihn in ein rundes Zimmer und sagt, in einer Ecke steht ein Bier…
Wenn auch das Bier in Frankreich, dem größten Weinland der Welt, stets im Schatten des vergorenen Rebensaftes stand, weist es doch eine lange Vergangenheit auf. Die Gallier sollen das Bier überhaupt erfunden haben. (Wer denkt da nicht an den Streit der Chinesen mit den Italienern um das Urheberrecht an der Nudel?) Und der römische Geschichtsschreiber Tacitus berichtete von gallischen „Trinkorgien, die einen Tag und eine Nacht dauerten und deren sich niemand schämte".

Besonders bei den Tschechen hatte einst fast jedes Dorf seine kleine, private Brauerei. Zwar dürfte die Mehrzahl unter sozialistischen Vorzeichen von der Bierlandkarte verschwunden sein, doch darf mit einer Wiederbelebung kleiner Braustätten stark gerechnet werden. Tschechen trinken im Jahr ähnlich viel Bier wie Deutsche. Bierbrauen wird auch seit dem 11. Jahrhundert urkundlich erwähnt, der weltberühmte Hopfenanbau gar seit dem 9. Diesem Hopfen, dessen Ausfuhr lange Zeit mit der Todesstrafe bedroht war, sowie dem extrem weichen Wasser verdanken die tschechischen Biere ihre hohe Qualität. Die berühmtesten sind natürlich das *Budvár* aus Budweis (České Budějovice) und das *Pilsner Urquell (Plzeňský Prazdroj)* aus Pilsen (Plzeň). Absolutes touristisches Muß in Prag ist ein Besuch im „U Fleků" *(Bei Fleck)*. Das dort ausgeschenkte Dunkle mit ausgeprägtem Karamelmalzgeschmack ist etwas für Liebhaber. Ohne Übertreibung kann man sagen: Was das Hofbräuhaus für München, ist U Fleků für Prag.
Ebenfalls große Biertrinker sind die Belgier. Aus Belgien soll ja Gambrinus stammen, der sagenumwobene König, Schutzpatron und Märtyrer der Bierbrauer. So huldigt man ihm dort mit besonders vielen, sehr schmackhaften, bisweilen auch höchst ungewöhnlichen Bieren. Beispielsweise mit dem Roten Bier aus Roeselare, einem Obergärigen, das mit zuvor 18 Monate im Eichenfaß gereiftem Bier verschnitten wird. Die Lagerzeiten sind beim belgischen Bier sehr unterschiedlich und reichen bis zu vier Jahren (altes Lambic). Es gibt hier so viele in der Flasche gärende Biere wie nirgends sonst. Man schwört direkt auf die *Méthode champenoise* und verschließt diese Flaschen wie Champagner mit Korken. Wieder andere Biere werden mit einem Fruchtextrakt versetzt und einem Frischwürzeanteil vergoren (Kirschbier). Wer aber lieber das „normale" Bier bevorzugt, hat unter den Produkten von etwa 130 belgischen Brauereien reichlich Auswahl. Fünf Klosterbrauereien sind mit ihrem „Trappisten-Bier" bekannt geworden, einem obergärigen, starken Biertyp, der ebenfalls in der Flasche reift.
Die Niederlande sind das Mutterland von Heineken, Amstel und Grolsch, international tätigen Brauereien. Das leicht fruchtige, spritzige *Heineken Lager Beer* erhält man fast in jedem Land der

Einladender kann ein englischer Pub, hier in London, seine Fassade wohl kaum gestalten (oben). Der Besuch in einem normalen belgischen Café ist für Bierliebhaber schon sehr ergiebig; der in einer Lokalität, die zahllose flüssige Spezialitäten auf der Karte führt, kann sogar vollends überfordern (links).

Ruhm, ja Weltruhm muß natürlich zur Schau gestellt werden: gesehen an einer Wand in der Pilsener Brauerei.

Erde, in Holland selbst gibt es noch genug anderes wie ein süffiges, untergäriges Stout oder diverse Bockbiere. In den südlichen Provinzen Limburg und Brabant sind vor allem kleinere Brauereien zu Hause. Sie bieten eine breite Palette an, die zum Teil an belgische, zum Teil an Dortmunder, aber auch an englische Biere erinnern: darunter das *Arcener Grand Prestige* aus Limburg, ein Winter-Ale, mit 22 Prozent Stammwürze das stärkste Bier des Landes.

Ein kurzer Blick in den Norden: In Dänemark fällt die breite Auswahl an hellem Lagerbier unterschiedlichster Stärke auf. Die Brauerei Carlsberg, mit Braustätten (auch in Lizenz) in etwa einem Dutzend Ländern, besitzt an ihrem Stammsitz in Kopenhagen das wohl schönste Sudhaus der Welt. Für Norwegen und Schweden typisch sind zum einen frische Pilsner Biere, zum anderen etliche Biere mit geringem Alkoholgehalt. Und dann verwenden einige kleinere Brauereien – als Erinnerung an Zeiten, als der Hopfen noch nicht so verbreitet war – Wacholder, Engelwurz und Süßmyrte zur Würze.

Schauen wir einmal über die Grenzen im Süden. Bier kennt man in Österreich, speziell in den Klöstern, sicher ebenso lange wie in Deutschland. Der Bierdurst der

Wiener wurde sprichwörtlich, und die erste Verordnung zur Sperrstunde stammt wohl aus dem 14. Jahrhundert. Um 1840 kreierte der Schwechater Brauer Anton Dreher den Typ *Wiener*, ein helles, untergäriges Lagerbier. Heute verteilt sich die Brauindustrie des Alpenstaates auf fast alle Bundesländer. Und die Konsumenten profitieren von sehr strengen Lebensmittelgesetzen, die nicht einmal die Aufbereitung von Brauwasser zulassen, wie sie in anderen Ländern – auch in Deutschland – üblich und oft nötig ist.

Schweizer Bier, seine Einteilung und das extrastarke *Samichlaus* aus Zürich haben wir Ihnen bereits an anderen Stellen vorgestellt. Hier geht es nun um Trinkgewohnheiten und Besonderheiten. In der Nähe zu Deutschland und in Graubünden trinken die Leute am meisten Bier, bis über 100 Liter im Jahr. Wein steht dagegen vor allem in der Romandie höher im Kurs. Erreichte vor fünfzig Jahren dunkles, malziges, weniger herbes Bier etwa ein Fünftel Marktanteil, so schafft es heute gerade noch 1 Prozent. Alle Schweizer Brauereien, etwa 30, brauen als Alltagsbier ein Lager. Daneben finden zahlreiche Spezialitäten ihre Konsumenten: Das Premium-Starkbier *Rheingold* von Cardinal sei genannt, das amberfarbene *Ittinger Klosterbier* der Actienbrauerei Frauenfeld, *Barbara-Bräu De Luxe* von Eichhof Luzern, außerdem Maisbier (30 % Maisanteil im Malz) aus Interlaken oder Einsiedeln. Zur Zeit wird etwa 15 Prozent des Biers importiert, vor allem aus Deutschland, den Niederlanden, Frankreich, Portugal und Österreich.

Frankreichs Brauwesen steht in den meisten Landesteilen klar im Schatten des Weines. Mehr als die Hälfte aller Brauereien produzieren im Norden des Landes, die Nähe zu Belgien bestimmt auch den Charakter der obergärigen Biere dort: *Jenlain* mit 16 Prozent Stammwürze ist ein starker Vertreter, das flaschenvergorene *La Choulette* ein anderer. Im Elsaß und in Lothringen findet sich überwiegend untergäriges Bier. Sei es von den kleineren Brauereien Meteor und Schutzenberger oder von der größten in ganz Frankreich: Kronenbourg mit dem Stammsitz Straßburg, gegründet 1664. Über die Jahre zur zweitgrößten Braugruppe Europas mit etwa 25 Millionen Hektoliter Jahresausstoß gewachsen, stellt Kronenbourg ein brei-

Wenigstens ein Bild aus Italien mit dem Hinweis auf „Birra", damit niemand glaubt, es gebe in den Mittelmeerländern nur Wein, Olivenöl und Schafskäse!

Die frohgestimmten Bierfreunde in Kamerun sollen uns daran erinnern, wie viel vom edlen Gerstensaft in den Ländern Afrikas, auch Asiens und Lateinamerikas gebraut wird. Allerdings spielen dann oft andere Getreidearten eine Rolle: Sorghum, Hirse, Mais, Reis und Maniok.

tes Sortiment vom alkoholfreien *Silver* über den Renner *Blonde* bis zum starken *1664* und *1664 Brune* her.

Entlang dem Mittelmeer produzieren einige Länder Respektables: In Italien kontern einheimische Brauereien die Importe bester Sorten aus ganz Europa mit eigenen Spezialitäten. Spaniens Produktion weist trockene Pilsener und Doppelbock neben Stout und Ale auf. Und selbst in Lissabon in Portugal, einem Weinland par excellence, könnten in der *Cervejaria da Trindade* echte Münchener sich fast wie im Hofbräuhaus fühlen: Der Gasthof steht am Platz eines 1755 beim großen Erdbeben zerstörten Klosters, man serviert Bier der Marken *Sagres* und *Europa*, dazu gibt es aber Meeresfrüchte, keine Weißwürste.

Der kleine „Sprung" ins islamische Arabien und Nordafrika führt zunächst an kaum einen Zapfhahn. Es sei denn, Sie machen in Israel Station, zum Beispiel bei einem Premium-Pilsner *Maccabee* von Tempo Industries. Sonst muß man aber weiter nach Zentral- und Südafrika. Ein Reisender des 18. Jahrhunderts berichtete von Hunderten verschiedener Biere. Und ein anderer Beobachter notierte: „Der Bierreichtum gereichte dem Häuptling zum

Ruhm.“ – Heute hat Nigeria die wohl beste Bierauswahl Afrikas zu bieten. Hier wird *Stout* sehr gepflegt, sonst braut man moderne Biere meist nach Pilsener Art und importiert natürlich berühmte Marken wie Henninger oder Heineken. Umgekehrt wird afrikanisches Bier exportiert, so zum Beispiel *Ngoma Castel* aus Kinshasa oder das süßliche *Mamba* von der Elfenbeinküste.

Verlassen wir das europäische Festland an der anderen Seite, so legen sich Großbritannien und Irland zunächst einmal quer: Unterschiedlichste Varietäten des obergärigen *Ale* – am besten *„real“* vom Faß –, hopfenherbe, trockene, aber auch ins Fruchtige gehende *Bitter*, *London Porter*, rund 70 000 Pubs, darunter über hundert, in denen eine kleine Brauerei agiert – die Auswahl ist verwirrend und groß! Man muß als Mitteleuropäer die englisch-irische Art Bier mögen (lernen). Denn insbesondere die *Dry Stouts* aus Dublin und Cork, am bekanntesten ist das von *Guinness*, werden mit ganz wenig Schaum serviert und setzen das volle Aroma erst bei Temperaturen über 14 °C frei.

In keiner Region wird mehr Bier gebraut als in den USA und Kanada. Auch die größte Braugruppe der Welt, Anheuser-Busch, hat ihren Sitz in St. Louis in Missouri. Ihr *Michelob*, das erste amerikanische Premium-Bier mit etwa einem Viertel Reisanteil im Malz, aus der stromlinienförmigen Flasche mit Schraubverschluß ist in aller Welt bekannt. Klagten bis vor wenigen Jahren europäische Biertrinker über viel zu wenig Auswahl, meist zu starke Kühlung oder gar Eiswürfel im Glas (!), so erfährt die Bierkultur in jüngster Zeit einen kräftigen Aufschwung: Große Brauereien eröffneten Pub-Brauereien, und im ganzen Land, mit Schwerpunkt entlang der Westküste, schossen unzählige Kleinbrauereien aus dem Boden. Phantasievolle Biernamen – *Earthquake Ale, Shakespeare Stout* oder *Viking Lager* – versprechen noch mehr, gehen Sie einmal auf Entdeckungsreise.

„Es gibt kein Bier auf Hawaii ...“ – wem kommt dieser alte „Ohrwurm“ nicht in den Sinn, denkt er an die Inseln mitten im Pazifik? Und auf Hawaii, politisch zu den USA gehörend, gibt's eben doch Bier, dort gebraut! Ebenso Tausende Kilometer weiter in Japan, in Australien, auf den Philippinen, in China. Für das Letztgenannte brauchen Sie gar nicht weit zu reisen, man bekommt manche Sorte in guten chinesischen Restaurants auch bei uns.

Stammtischansichten

„Am Becher erkennt man den Zecher": Die Sprüche auf bemalten Porzellandekkeln von schönen Bierkrügen ranken sich um allerlei. Und manchmal sind auch Geschmacksverirrungen darunter. Bierwerbung kreiste früher in erster Linie um Gläser, Flaschen, Humpen, die gerade gefüllt oder geleert werden. Heute verfolgen die Werbenden auch noch andere Strategien: Eine Marke kommt ganz edel daher, die nächste männlich, andere sprechen Frauen, Rock- oder Jazz-Fans an, wieder andere setzen auf ihr „grünes" Bild in der Öffentlichkeit.

Das Biertrinken zu besonderen Anlässen lag den Deutschen – und nicht nur ihnen – immer schon am Herzen. Und wenn dies auch des öfteren einmal ausuferte, so war doch die Grundidee immer eine sehr liebenswürdige. Frohsinn, Freundschaft und gute Laune zu pflegen, darum ging es. Bierfeste zu feiern, wurde zu einer Kunst erhoben.

Unsere Vorfahren waren der Überzeugung, der Mensch sei am offensten, aufgeschlossensten und ehrlichsten, wenn ein guter Tropfen ihn über die Sphäre des alltäglichen Reglements hinaushob und er seinen Gedanken freien Lauf ließ. Denken wir heute nicht ähnlich?

Aus alter, germanischer Zeit leitet sich die Sitte des Zutrinkens ab, womit man seine Zuneigung zeigen wollte. Allen voran den Helden und Göttern. Und da unsere Ahnen vielen die Reverenz erwiesen – pro Gott ein Fest! – waren sie oft schnell wirklich „voll". Als sich die Germanen endlich mit dem Christentum abgefunden hatten, wurde die Sache erst verzwickt, da die Zahl der christlichen Heiligen die der alten heidnischen Götter noch bei weitem übertraf! Die Kirche sah sich bald gezwungen, die Zahl der Heiligen, auf die getrunken werden durfte, drastisch einzuschränken.

Es ist auch bemerkenswert, daß das Wort *schenken* in fast allen bekannten Kultursprachen denselben Stamm aufweist wie das Wortfeld um *Schank, Schenke, einschenken* und so weiter.

Immerhin hatte sogar der eingefleischte Bierverächter Otto von Bismarck das Bier im Reichstag einer Erwähnung für wert befunden: „ . . . das Bier macht . . . träge, anstatt die Nerven anzureizen . . . es ist ein Zeittöter, es wird bei uns Deutschen mit wenig soviel Zeit totgeschlagen wie mit dem Biertrinken" (vom 28. März 1881).

Bismarck zog eben anderes vor. Seiner eher abschätzigen Beurteilung könnte man mit dem launigen Diktum Benns antworten, das über einen weiteren Bier-Kostverächter, Nietzsche nämlich, sagt: „Seine (Nietzsches) . . . Abneigung gegen das Bier war mir immer verdächtig. Wen Bier hindert, der trinkt es falsch!"

Genau das sollten Sie jetzt nicht tun! Nehmen Sie ein zur Sorte passendes Glas zur Hand, oder greifen Sie sogar zu einem schön verzierten Deckelhumpen, schenken Sie (richtig) ein – zum Wohl!

Löwen-
Bräu
HOF in BAYERN

SCHREBITZER
BIERE
Brauerei-Abfüllung

Brauhaus
Dinkelsbühl
GEHRING & HÖHENBERGER
Der Genießer trinkt »Kiefer«

Ich trinke so gern
das köstliche
Waldschlößchen-
Weizenmalz-Bier

Waitzingerbräu Akt: Ges:
Miesbach & Landsberg a/L.

Sinner-Bier

Sankt Klaus
Bräu

MALZ-BIER
VOLLBIER
ärztlich
empfohlen
MALZ-BIER
Schultheiss-
Patzenhofer

Karmeliter
Bräu
NEUSTADT/SAALE·BAYERN

kühles
BIER

BIERFLADEN

Bierteig ist sehr wandlungsfähig. Meist wird er als Umhüllung für irgendeine kleine Nascherei, egal ob süß oder salzig, verwendet und in heißem Fett ausgebacken. Hier dient der Teig nun als Hauptzutat, sozusagen als Trägerschicht für die unterschiedlichsten Belagideen. So kann mein Vorschlag auch nur einer unter vielen sein, denn in Verbindung mit den Bierfladen eignen sich zum Überbacken: Auberginen, Kohlrabi, Tomaten, Zucchini und auch Porree, Speck, Zwiebeln oder Herb-Süßes; doch dafür schauen Sie bei dem Rezept für Apfelküchle (S. 176) nach Anregungen.

Für den Teig:
250 g Mehl
3 Eier
¼ Liter helles Bier
Salz
4 EL Fett zum Ausbraten

Für den Belag:
200 g gekochter Schinken
200 g geriebener Edamer
Pfeffer
Tomatenketchup
getrockneter Thymian
¼ Liter helles Bier zum Angießen

Backofen auf 250 °C vorheizen. Aus den Teigzutaten einen dickflüssigen Bierteig rühren und 30 Minuten quellen lassen. In der Pfanne etwas Fett zerlassen und mit einer Teigportion einen dicken Pfannkuchen backen. So fortfahren, bis Teig und Fett verbraucht sind.
Die Pfannkuchen nebeneinander in die Fettpfanne des Backofens legen, mit schmalen Schinkenstreifen und dem Käse bestreuen, mit Pfeffer, Tomatenketchup und Thymian würzen. Das Bier angießen und alles im vorgeheizten Backofen 15 Minuten hellbraun backen.
Grüner Salat und Pils sind die passenden Begleiter.

Bierkarotten

500 g Karotten
1 EL Butter
1 mittelgroße Zwiebel
¼ Liter helles Bier (Export)
Salz
Pfeffer
1 gestrichener EL Mehl
50 g gehobelte oder gestiftelte Mandeln
2 EL gehackte Petersilie

Tip:
Mit alkoholfreiem Bier zubereitet, schmecken die Karotten gleich gut und sind dann ganz sicher für kleinere Kinder geeignet.

Karotten putzen und in Scheiben schneiden. Butter in einem Topf zerlassen und darin die kleingeschnittene Zwiebel glasig werden lassen. Die Karottenscheiben zugeben und 5 Minuten mitdünsten. Ab und zu umrühren. Das Bier dazugeben, salzen und pfeffern und alles bei geschlossenem Topf und milder Hitze 10 Minuten schmoren.
Das Mehl mit etwas kaltem Wasser anrühren und zum Gemüse geben. Die Mandeln hinzufügen und etwa 5 Minuten miterhitzen. Mit Petersilie bestreuen und zu Salzkartoffeln und Buletten oder zu Kartoffelbrei und panierten Koteletts reichen.

Bier und gedünstete Karotten ergänzen sich besonders gut. Bei diesem Rezept dürfen jedoch die Karotten auf keinen Fall zu weich werden, und zum Saucenbinden bitte nicht zuviel Mehl verwenden! Nur so wird dieses Gericht zu einem idealen Kompromiß für diejenigen, denen Großmutters Gemüse-Mehl-Eintopf nie schmeckte und denen das Nouvelle-cuisine-Gemüse zu roh ist.

ALTDEUTSCHE BIERSUPPE
EIERBIERSUPPE

ALTDEUTSCHE BIERSUPPE
½ Liter helles Bier
½ Liter Milch
¼ Liter süße Sahne
1 EL Speisestärke
1 Prise Salz
4–5 EL Zucker
100 g Rosinen
3 Eigelb
1 TL gemahlener Zimt

EIERBIERSUPPE
½ Liter Altbier
½ Liter Fleischbrühe
Salz
Pfeffer
100 ml süße Sahne
4 Eigelb
Petersilie
Eiweiß

Tip:
Die Eierbiersuppe schmeckt so fein, daß sie ohne weiteres den Auftakt zu einem festlichen Menü bilden kann. Als Aperitif würde ich in diesem Fall ein Altbier empfehlen.

ALTDEUTSCHE BIERSUPPE
Bier, Milch und Sahne verrühren, mit einigen Eßlöffeln davon in einer Tasse die Speisestärke anrühren. Salz, Zucker und die gewaschenen Rosinen zu der Milch-Bier-Mischung geben und alles in einem großen Topf erhitzen. Die angerührte Speisestärke unterquirlen, aufkochen lassen und den Topf vom Feuer nehmen. Mit dem Eigelb legieren, mit Zimt und Zucker abschmecken.
Heiß mit Zwieback oder gerösteten Weißbrotwürfeln servieren.

EIERBIERSUPPE (unten)
Bier und Fleischbrühe in einen Topf geben, salzen, pfeffern und aufkochen lassen.
In der Zwischenzeit die Sahne mit dem Eigelb verquirlen. Die Suppe vom Feuer nehmen und mit der Eisahne legieren. Mit kleingehackter Petersilie und Flocken aus geschlagenem Eiweiß garnieren und mit gerösteten Weißbrotscheiben servieren.

In Deutschland haben Biersuppen eine lange Tradition. Beim sparsamen Vater des großen Preußenkönigs Friedrich II. (1740–1786) waren sie sogar hoffähig, und trotz aller Differenzen waren sich Vater und Sohn in ihrer Vorliebe für Bier und Biersuppen einig. Eine Bemerkung Friedrichs II. belegt, daß dabei gesundheitliche und finanzielle Gesichtspunkte mitspielten: „Es ist abscheulich, daß ein jeder Bauer und gemeinder Mensch sich jetzt zum Kaffee gewöhnt, wofür viel Geld aus dem Lande geht. Seine Königliche Majestät wurde höchstselbst in der Jugend mit Biersuppe aufgezogen. Die Väter unserer Bauern kannten nur Bier. Und das ist das Getränk, das für unser Klima paßt."

Annelores Bierwecken

500 g Weizenvollkornmehl
(Typ 1700 oder 1050)
½ Liter helles Bier
400 g dunkles Weizenmehl
(Typ 1700 oder 1050)
1 EL Salz
je 1 Prise Koriander und
Kümmel
100 g geräucherter Speck
1 kleine Zwiebel
30 g Hefe
1 EL Zucker
Fett für das Blech
Bier zum Bepinseln

Vollkornmehl mit dem Bier verrühren und 10–12 Stunden stehenlassen.
Backofen auf 220 °C vorheizen.
Das dunkle Mehl, Salz, Koriander und Kümmel dem Vorteig zugeben und unterarbeiten. Speck kleinschneiden, in der Pfanne erhitzen und darin die geschälte und kleingewürfelte Zwiebel hellbraun anrösten. Zwiebel und Speck zu dem Teig geben. Hefe mit dem Zucker und etwas warmem Wasser anrühren und zu dem Teig geben. Teig mit dem Knethaken gut durcharbeiten.
An einem warmem Ort gehen lassen, bis der Teig etwa doppelt so hoch wie ursprünglich ist.
Etwa 12 Wecken formen und auf einem gefetteten Blech im vorgeheizten Backofen backen.
Nach 10 Minuten Temperatur auf 200 °C zurückstellen und die Wecken in weiteren 30 Minuten braun backen. Dabei mehrmals mit Bier bepinseln.
Auskühlen lassen und frisch mit Butter und Radieschen zu einem kühlen hellen Bier reichen.

Im alten Ägypten war „Bierbrot“ die Bezeichnung für Mahlzeit. Und weshalb sollten wir heute nicht auch einmal so enge Verwandte wie Getreidemehl und Bier vermischen und daraus knusprige Wecken backen? Zum Bier als flüssigem Brot gibt es dann Bierwecken als festes Bier!

Gemüse-Reis-Eintopf

Auch wenn der Winter die Hauptsaison für Eintöpfe ist, so schmeckt dieser im Sommer am besten, wenn das Gemüse frisch aus dem Freilandbeet kommt. Außerdem ist dieses Gericht wesentlich leichter als die üblichen Wintereintöpfe, so daß es sich auch für heiße Sommertage vorzüglich eignet.

200 g Reis
Salz
500 g Salatgurken
1 EL Essig
1 Zwiebel
1 EL Butter
200 g gekochter Schinken
Pfeffer
⅛ Liter Weizenbier
500 g Tomaten
4 EL süße Sahne
2 EL gehackter Dill

Reis in reichlich Salzwasser knapp 20 Minuten körnig kochen, abgießen und beiseite stellen. Gurken schälen, grob würfeln, mit Essig übergießen und ziehen lassen. Zwiebel schälen, würfeln und in heißer Butter glasig werden lassen. Gurkenstücke zugeben und 5 Minuten mitdünsten. Schinken in Streifen schneiden, zugeben. Pfeffern, salzen und mit dem Bier ablöschen. Bei kleiner Hitze zugedeckt 5 Minuten dünsten. Inzwischen die Tomaten überbrühen, schälen, entkernen und kleinschneiden. Reis und Tomaten zu den Gurken rühren und alles noch einmal 10 Minuten dünsten. Mit Sahne und Dill verfeinern. Dazu gibt es ein kristallklares Weizenbier.

Gurkengemüse
Gedünstete Sellerie

GURKENGEMÜSE
1 kg Salatgurken
2 EL Butter
Salz
Pfeffer
⅛ Liter Weizenbier
4 EL süße Sahne
2 EL feingehackter Dill

GEDÜNSTETE SELLERIE
500 g geschälte Sellerie
1 Zwiebel
2 EL Fett
1 Lorbeerblatt
Salz
Pfeffer
¼ Liter helles Bier

GURKENGEMÜSE (oben)
Gurken schälen und grob würfeln. In der zerlassenen Butter andünsten, mit Salz und Pfeffer würzen. Bier angießen und zugedeckt 15 Minuten schmoren lassen.
Hitze reduzieren, Sahne und Dill unterrühren und noch etwa 2 Minuten ziehen lassen.
Hervorragend eignet sich dieses leichte Gericht als Beilage zu Kalbsschnitzel und Butterkartoffeln oder zu Reis mit gekochtem Schinken.
Kristallklares Weizenbier schmeckt als Getränk am besten dazu.

GEDÜNSTETE SELLERIE
Die Knolle in dünne Scheiben schneiden und zusammen mit der geschälten und kleingewürfelten Zwiebel im heißen Fett dünsten. Lorbeerblatt zugeben, salzen und pfeffern und mit dem Bier angießen. Etwa 15 Minuten im geschlossenen Topf dünsten. Die Selleriescheiben sollten noch „Biß“ haben.
Sie sind eine ideale Beilage zu Kasseler oder Schweinebraten.

Der Sellerieknolle werden von alters her gewisse positive Wirkungen auf das männliche Geschlecht nachgesagt. So wird sie auch in dem Volkslied vom jungen Weibchen mit seinem alten Mann gerühmt, und das kaum verblümt:
„Ich koch ihm täglich Eyer
Und Selleriesalat,
Ist's auch die alte Leyer,
Bleibt's doch ein guter Rat.“

Käsehappen

Bei meinem Rezept werden die Käsehappen in einen ganz einfachen Bierteigmantel gehüllt. Sie können jedoch dieses Grundrezept schnell zu Ihrer eigenen Variante weiterentwickeln, indem Sie einfach dem Teig getrocknete Kräuter und Gewürze zufügen, die Ihnen besonders gut schmecken.

Für den Teig:
250 g Mehl
2 EL Öl
¼ Liter helles Bier
Salz
Pfeffer
Kräuter nach Belieben

200 g Käse (Emmentaler oder Edamer)
Öl zum Ausbacken

Tip:
Auch Thymian, Rosmarin oder Lavendel, aber auch ein Hauch Senf oder Tomatenmark eignen sich, den Charakter dieses Teigs nach Belieben zu verändern.

Alle Zutaten für den Teig verrühren und etwa 20 Minuten quellen lassen. Den Käse in mundgerechte, flache Happen schneiden, diese in dem Bierteig wenden und portionsweise im heißen Öl ausbacken.
Sofort mit Preiselbeeren und frischem Salat servieren.
Helles Bier darf als Getränk zu diesen Appetithappen nicht fehlen!

Laugenbiersuppe
Sauerkrautsuppe

LAUGENBIERSUPPE
2 Zwiebeln
1 EL Butter
1 Laugenbrötchen
1 Milchbrötchen
(beide 1 Tag alt)
½ Liter Fleischbrühe
½ Liter dunkles Bier
1 EL Fett
Salz
Pfeffer
Schnittlauch

SAUERKRAUTSUPPE
½ Liter Weizenbier
½ Liter Fleischbrühe
250 g Sauerkraut
100 g Bauchspeck
1 Zwiebel
4 Frankfurter Würstchen
Cayennepfeffer
Tabasco-Sauce
100 g saure Sahne

LAUGENBIERSUPPE (oben)
Eine Zwiebel in kleine Würfel schneiden und in der Butter glasig werden lassen. Die geriebenen Brötchen kurz mit anrösten und mit der Fleischbrühe ablöschen. Zugedeckt bei kleiner Flamme 10 Minuten köcheln lassen.
Ab und zu umrühren. Das Bier zugießen und weitere 10 Minuten köcheln lassen. Inzwischen die zweite Zwiebel abziehen, in Ringe schneiden und im heißen Fett braun anbraten.
Zwiebelringe über die Suppe geben, salzen und pfeffern und mit Schnittlauchröllchen bestreut zu Tisch bringen.

Daß Laugenbrezeln und Laugenbrötchen zusammen mit Bier und Butter schon ein hervorragendes Vesper ergeben können, weiß jeder. Zumindest südlich des Mains. Aber daß mit diesen Zutaten auch eine delikate Suppe hergestellt werden kann, ist wohl nicht so bekannt. Dabei verbindet sich gerade in dieser Suppe der Laugengeschmack mit dem Aroma des Biers in idealer Weise.

SAUERKRAUTSUPPE
Bier und Fleischbrühe aufkochen, Hitze reduzieren, Sauerkraut dazugeben und bei mittlerer Temperatur in 45 Minuten weich kochen. Ab und zu umrühren. Speck kleinschneiden, in einer Pfanne anbraten, geschälte und kleingeschnittene Zwiebel dazugeben und mit anbräunen. Speck und Zwiebelstücke zum Sauerkraut geben, ebenso die kleingeschnittenen Würstchen. Alles noch 5 Minuten ziehen lassen. Mit Cayennepfeffer und Tabasco scharf abschmecken. Die Sahne wird getrennt dazu gereicht, damit sich jeder am Tisch seine Suppe individuell verfeinern kann.

Diese Sauerkrautsuppe ist für mich – entsprechend scharf gewürzt – als Mitternachtsimbiß eine echte Alternative zu der sonst zu dieser „Tageszeit“ üblichen Gulaschsuppe.

Überbackener Toast

Überbackene Toastscheiben gehören zu den Evergreens unter den warmen Zwischenmahlzeiten. Mit ein Grund dafür ist, daß der Phantasie bei der Belaggestaltung praktisch keine Grenzen gesetzt sind und sparsame Hausfrauen und -männer damit auch Reste schmackhaft verwerten können. Aber auch auf Partys ist überbackener Toast beliebt, so recht geeignet für einen überraschenden Imbiß.

1 EL Butter
5 EL helles Bier
200 g geriebener Chester
½ TL Senf
Pfeffer
4–6 Scheiben Toastbrot

Butter und Bier auf mittlere Temperatur erhitzen. Nach und nach den Chester dazurühren und unter ständigem Rühren mit Senf und Pfeffer abschmecken. Salz ist nicht notwendig, denn Chesterkäse ist von vornherein schon salzig genug. Das Ganze zu einer dickflüssigen Creme rühren und je nachdem, ob die Creme zu dick oder zu dünn ist, noch etwas Bier und Käse dazurühren. Auf vorgetoastete Brotscheiben streichen und im vorgeheizten Backofen oder im Grill überbacken.
Dazu gibt es Tomatensalat und Bier.

WEISSKOHLEINTOPF

Dieser Eintopf schmeckt mir am besten an einem kalten Wintertag, wenn wir nach einer langen Wanderung nach Hause kommen. Er ist nämlich genau das richtige, um die hungrigen Mägen zu füllen und um durchfrorene Wanderer innerlich wieder aufzuwärmen.

1 Zwiebel
1 Knoblauchzehe
2 EL Fett
400 g Weißkohl
200 g Karotten
800 g Kartoffeln
400 g geräuchter Bauchspeck
½ Liter helles Bier
1 Lorbeerblatt
Pfeffer
Salz
4 EL gehackte Petersilie

Zwiebel und Knoblauch abziehen, würfeln und in einem Topf im heißen Fett kurz anbraten. Kleingeschnittenen Weißkohl, geputzte und kleingeschnittene Karotten, die geschälten und halbierten Kartoffeln und den in grobe Stücke zerteilten Bauchspeck dazugeben. Bier zugießen, mit Lorbeerblatt, Pfeffer und Salz würzen und zugedeckt bei mittlerer Hitze 1 Stunde kochen. Mit Petersilie bestreut servieren.

Gefüllte Zwiebeln

4 große Zwiebeln (ca. 1 kg)
¼ Liter helles Bier
¼ Liter Fleischbrühe
250 g Hackfleisch
50 g geriebener Emmentaler
1 Ei
1 Brötchen
Salz
Pfeffer
2 EL gehackte Petersilie
1 EL Speisestärke

Zwiebeln schälen, mit dem Bier und der Brühe erhitzen und zugedeckt etwa 10 Minuten dünsten. Herausnehmen, halbieren und abkühlen lassen. Hackfleisch, Käse, Ei und das eingeweichte und gut ausgedrückte Brötchen vermischen. Die Masse salzen und pfeffern.
Backofen auf 200 °C vorheizen. Zwiebelhälften bis auf einen ½ Zentimeter dicken Rand aushöhlen, das ausgelöste Zwiebelfleisch kleinhacken und etwa ⅓ davon zu der Hackfleischmasse geben. Die ausgehöhlten Zwiebeln mit der Masse füllen und wieder in den Topf mit dem Bier und der Fleischbrühe stellen. Eventuell eine zweite Form nehmen, in die ebenfalls Bier und Brühe gegossen werden.
Restliche Zwiebelwürfel zur Sauce geben und die Zwiebeln im vorgeheizten Backofen 30–40 Minuten braten.
Je 2 Zwiebelhälften auf einem Teller anrichten und mit Petersilie bestreuen. Die Sauce mit der angerührten Speisestärke binden und damit die Zwiebelhälften umgießen. Als Beilage eignen sich gut Kartoffeln in der Schale.
Das Feierabendbier dazu nicht vergessen!

Mit Bier lassen sich sowohl sehr feine Gerichte veredeln als auch deftige Mahlzeiten abschmecken. Dieses Rezept gehört zu der deftigen Sorte und ist dazu geeignet, am Feierabend den Arbeitstag vergessen zu lassen.

Forelle in Biersud

Bei diesem Rezept kann sich die Köchin oder der Koch ohne große Schwierigkeiten auf den Geschmack der Esser einstellen. Ist denen das Bieraroma zu wenig vorherrschend, wird einfach das nächste Mal ein Teil des Wassers durch Bier ersetzt. Im umgekehrten Fall nimmt man eben etwas mehr Wasser.

4 küchenfertige Forellen
1 Liter helles Bier
1 Liter Wasser
Salz
Pfeffer
2 Lorbeerblätter
3 Nelken
10 Senfkörner
4 Wacholderbeeren
1 Zwiebel
2 Karotten

Forellen unter fließendem Wasser waschen und abtropfen lassen.
Bier und Wasser in einen großen, flachen Topf gießen. Salz, Pfeffer, Lorbeerblätter, Nelken, Senfkörner und zerdrückte Wacholderbeeren zugeben. Zwiebel schälen und in Ringe schneiden, Karotten putzen und grob schneiden. Zwiebelringe und Karottenstücke in den Sud geben und alles aufkochen lassen.
Hitze reduzieren und die Forellen 20 Minuten darin ziehen lassen.
Dazu gibt es Salzkartoffeln und Endiviensalat.

Karpfen in polnischer Sauce

1 Karpfen (ca. 2 kg)
2 Zwiebeln
2 Karotten
2 EL Butter
1 EL Mehl
1 Liter dunkles Bier
1 Lorbeerblatt
2 Nelken
Pfeffer
Salz
Saft von ½ Zitrone
100 g geriebene Lebkuchen
2 TL Zucker
1 EL Rosinen
1 EL Mandelstifte

Karpfen schuppen, waschen und in dicke Scheiben schneiden. Zwiebeln abziehen und würfeln, Karotten putzen und in dünne Scheiben schneiden. Zwiebeln und Karotten in 1 Eßlöffel Butter 10 Minuten andünsten und dabei ab und zu umrühren, dann beiseite stellen.
Restliche Butter im Topf zerlassen, Mehl darüberstäuben und rühren, bis es braun wird. Mit dem Bier ablöschen, die Zwiebeln und Karotten zugeben, mit Lorbeerblatt, Nelken, Pfeffer, Salz und Zitronensaft würzen. Bei mittlerer Hitze 30–40 Minuten zugedeckt köcheln lassen.
Die Sauce durch ein Haarsieb in eine große, flache Pfanne passieren. Lebkuchen, Zucker, Rosinen und Mandelstifte zugeben, aufkochen lassen und nochmals abschmecken. Die Karpfenscheiben nebeneinander in die Pfanne legen. Sie sollten von der Sauce nahezu bedeckt sein. Eventuell mit etwas dunklem Bier auffüllen. Bei kleiner Hitze 20–25 Minuten ziehen lassen.
Der Fisch schmeckt mit Salzkartoffeln und Endiviensalat am besten, und natürlich „schwimmt“ er in dunklem Bier ganz ausgezeichnet.

In Polen ist dieses Gericht das traditionelle Essen an Heiligabend. Wir leisten hier hoffentlich einen kleinen Beitrag dazu, daß sich diese Zubereitungsart auch ein wenig bei uns ausbreitet. Munden wird sie sicher vielen.

Kräuterkabeljau

800–900 g Kabeljaufilet
Saft von 1 Zitrone
Pfeffer
Salz
2 Zwiebeln
500 g Champignons
50 g Butter
je 2 EL gehackter Dill, Petersilie und Schnittlauch
¼ Liter helles Bier
40 g Butter
2 EL Semmelmehl

Die Kabeljaufilets jeweils in 2–3 Stücke zerteilen, mit dem Saft der Zitrone beträufeln, pfeffern und salzen. 10 Minuten ziehen lassen.
Backofen auf 200 °C vorheizen. Zwiebeln schälen und kleinschneiden, Champignons putzen und in Scheiben schneiden. Zwiebeln und Champignonstücke in der Butter zusammen mit den Kräutern 5 Minuten dünsten. Die Hälfte davon in eine große, gefettete Auflaufform geben, die Filetstücke darauflegen und die restliche Zwiebel-Pilz-Masse darüber verteilen. Mit dem Bier angießen, Butterflöckchen daraufgeben und mit Semmelbröseln bestreuen. Im vorgeheizten Backofen 25 Minuten backen.
Gut schmecken dazu Petersilienkartoffeln, grüner Salat und helles Bier.

Kabeljau ist ein „Allerweltsfisch" geworden, und in der Regel paßt zu volkstümlichen Gerichten Bier ausgezeichnet. Dieses Rezept ist eine weitere Bestätigung dafür, zumal das Bier hier nicht nur zum Essen, sondern auch im Essen eine Rolle spielt.

Räucheraal in dunkler Biersauce

Ein wahrlich „teurer" Freund ist der Aal und deshalb bei Tisch ein eher seltener Gast, wenigstens außerhalb der Küstenregionen. Daß er vorher noch in den Kochtopf schlüpft, ist ganz und gar ungewöhnlich. Aber wenn Sie ihn mal auf diese Weise kennengelernt haben, werden Sie ihn immer wieder gerne zu Tisch bitten.

Circa 700 g Räucheraal
½ Liter dunkles Bier
1 Lorbeerblatt
1 kleine Zwiebel
1 Zitronenscheibe
1 EL Butter
Salz
Pfeffer
1 Eigelb
1 gestrichener EL Speisestärke
⅛ Liter Milch

Aal enthäuten, von der Hauptgräte befreien und in etwa 4 Zentimeter große Stücke schneiden.
Das Bier mit dem Lorbeerblatt, der in Ringe geschnittenen Zwiebel, der Zitronenscheibe und der Butter aufkochen, mit Salz und Pfeffer abschmecken. Die Aalstükke einlegen und etwa 7 Minuten ziehen lassen.
Eigelb mit Speisestärke und Milch verrühren und damit die Sauce legieren.
Sehr gut schmecken zum Aal Kartoffelklöße, grüner Salat und als Getränk ein dunkles Weizenbier.

Seelachs in Biercurry

800 g Seelachsfilet
Saft von 1 Zitrone
Salz
Pfeffer
2 Zwiebeln
1 Apfel
1 Banane
3 EL Bratfett
½ TL Curry
¼ Liter Weizenbier
⅛ Liter Fleischbrühe
⅛ Liter süße Sahne
1 EL Mehl

Seelachsfilet waschen, trockentupfen und in grobe Würfel schneiden. Mit der Hälfte des Zitronensafts beträufeln, salzen, pfeffern und zugedeckt beiseite stellen.
Zwiebeln abziehen, Apfel schälen und entkernen. Zwiebeln und Apfel kleinwürfeln, Banane schälen und in feine Scheiben schneiden. Die Obststücke mit dem restlichen Zitronensaft beträufeln.
Zwiebelwürfel im heißen Fett glasig werden lassen, mit Curry bestreuen. Apfel- und Bananenstücke zugeben und kurze Zeit mitschmoren lassen. Mit Bier und Fleischbrühe ablöschen, aufkochen lassen. Hitze reduzieren und die Fischstücke einlegen. Bei milder Temperatur 10 Minuten ziehen lassen.
Die Sahne mit dem Mehl verrühren, zum Fisch gießen und alles noch 5 Minuten ziehen lassen.
Die passende Beilage dazu ist Reis, das geeignete Getränk Weizenbier.

Als Seelachs wird im Handel der Köhlerfisch bezeichnet. Dieser Name rührt daher, daß das Fleisch – künstlich rot gefärbt und in Öl eingelegt – oft als Lachsersatz angeboten wird. Viel besser schmeckt Seelachs jedoch frisch, so wie er auch für dieses Rezept gebraucht wird.

Bierhähnchen

1 Hähnchen
4 EL Öl
20 ml Gin
½ Liter helles Bier
4 Wacholderbeeren
Salz
Pfeffer
100 g Bauchspeck
2 Zwiebeln
100 g Champignons
4 EL gehackte Petersilie
200 g Crème fraîche

Das Hähnchen vierteln, waschen und trockentupfen. Im heißen Fett anbraten, mit Gin übergießen und flambieren. Hähnchenteile herausnehmen, den Bratenfond mit Bier ablöschen, mit zerdrückten Wacholderbeeren, Salz und Pfeffer würzen.
Den kleingeschnittenen Speck in einer Pfanne erhitzen, die geschälten und kleingeschnittenen Zwiebeln darin anbraten und zu der Biersauce geben. Die Hähnchenteile ebenfalls dazugeben und alles bei kleiner Hitze 70 Minuten schmoren.
15 Minuten vor Ende der Garzeit die geputzten und feinblättrig geschnittenen Champignons dazugeben. Hähnchenteile mit Petersilie bestreut anrichten.
Die Crème fraîche zu der Sauce rühren und die Sauce separat zum Fleisch reichen.
Mit Stangenweißbrot und hellem Bier servieren.

Was den Elsässern ihr Coq au vin *und den Pfälzern ihr* Hähnchen in Rotwein, *das ist den Franzosen und Belgiern in der Gegend um Lille und Tournais ihr* Coq à la bière – *ihr Bierhähnchen. Eigentlich schade, daß es nicht ebenso bekannt ist wie seine mit Wein zubereiteten Vettern!*

Ente in Gemüsebier

1 Ente (ca. 2–2,5 kg)
Salz
Pfeffer
getrockneter Thymian
getrockneter Oregano
je 200 g Porree, Knollensellerie und Karotten
1 Zwiebel
1 Bund Petersilie
1 Apfel
4 EL Bratfett
½ Liter helles Bier
etwas Bier zum Begießen

Die küchenfertige Ente innen und außen waschen und trockentupfen. Überflüssiges Fett herauslösen und beiseite legen. Ente mit den Gewürzen einreiben. Gemüse und Petersilie putzen, waschen und kleinschneiden. Apfel schälen, vom Kernhaus befreien und ebenfalls kleinschneiden. Apfel- und Gemüsestücke miteinander vermengen und die Ente mit einem Teil davon füllen. Den Vogel zunähen und im heißen Bratfett von allen Seiten in der Pfanne anbräunen. Herausnehmen und beiseite stellen.

In der Pfanne das ausgelöste Entenfett zerlassen, das restliche Gemüse darin einige Minuten dünsten. Mit dem Bier ablöschen, dabei den Bratenfond gut ablösen. Die Hälfte dieser Menge in ein großes Bratgeschirr geben, die Ente darauflegen und den Rest des Gemüses zugeben. Die Ente im nicht vorgeheizten Backofen bei 220 °C 2–2½ Stunden schmoren. In der letzten halben Stunde öfter mit Bratflüssigkeit und frischem Bier begießen. Ente herausnehmen und warm stellen. Sauce entfetten, durch ein Sieb passieren und mit Salz, Pfeffer, Thymian und Oregano abschmecken.

Dazu gibt es Apfelrotkraut, Kartoffelklöße und als Getränk Exportbier.

Für diese Zubereitung wird ein besonders großes und hohes Gefäß benötigt, in dem die Ente samt ihren Zutaten ausreichend Platz hat. Der Vogel sollte nämlich bis zur Hälfte in der Flüssigkeit liegen.

BIERE aus

Festtagsgans

Für 6 Personen:

1 küchenfertige Gans
(ca. 4,5 kg)
Salz
Pfeffer
getrockneter Thymian
3 große Äpfel
Gänseklein (Leber, Herz)
2 Scheiben Graubrot
1 Zwiebel
½ Stange Porree
2 Karotten
einige Blätter frischer
Liebstöckel
½ Liter helles Bier
2 TL Speisestärke
4 EL süße Sahne

Das Fett aus der Gans lösen, die Gans innen und außen mit Salz, Pfeffer und Thymian bestreuen. Äpfel schälen, entkernen und in kleine Würfel schneiden. Gänseklein, Brot und die Hälfte der Zwiebel kleinschneiden und mit den Apfelstücken vermengen. Mit Salz, Pfeffer und Thymian würzen und damit die Gans füllen.
Backofen auf 250 °C vorheizen. Restliche Zwiebel, Porree und Karotten würfeln und in einen Bräter geben, ebenso kleingeschnittener Liebstöckel und etwas Thymian. Auf dieses Gemüsebett die zugenähte Gans mit der Brustseite nach unten legen und mit der Hälfte des Bieres angießen. Die Haut der Gans mehrmals mit einer Gabel einstechen, damit das Fett ausbraten kann. Im vorgeheizten Backofen 2¾ Stunden braten. Nach 1½ Stunden die Gans wenden. In den letzten 20 Minuten mehrmals mit dem restlichen Bier begießen, bis dieses aufgebraucht ist. Dabei die Haut auch immer mit etwas Salz bestreuen, damit sie schön bräunt. Die fertig gebratene Gans warm stellen.
Das Fett vom Bratenfond oben vorsichtig abgießen. Fond mit kalt angerührter Speisestärke binden, durch ein Sieb passieren und mit der Sahne verfeinern.

Apfelrotkraut und Salzkartoffeln sind die passenden Beilagen. Die geeigneten Getränke entweder ein kühles Bier oder – das erste Mal in diesem Kochbuch eine Weinempfehlung – ein leichter Rotwein.

Die Gans erhält durch das Bier eine wunderbar knusprige Haut, und der Sauce gibt es den letzten Pfiff.

Pikante Hähnchenschlegel

Wenn die Sauce zu dünn ist, diese mit etwas kalt angerührter Speisestärke eindicken.
Ausgezeichnet passen dazu Reis und Chicoréesalat, und selbstverständlich darf ein kühles Pils nicht fehlen.

Ein junges Huhn – männlichen oder auch weiblichen Geschlechts –, zu einem Brathähnchen, Backhendl oder Broiler verarbeitet, wird bei Ihren Gästen heutzutage kaum noch einen Überraschungseffekt erzielen. Ein wenig pikanter darf es wohl sein: mit Zwiebeln, Bier und Rosinen.

4 Hähnchenschlegel
Salz
Pfeffer
4 EL Bratfett
2 Zwiebeln
1 Knoblauchzehe
1/8 Liter Geflügelbrühe
3/8 Liter helles Bier
2 Gewürznelken
2 EL Tomatenmark
Zimt
Cayennepfeffer
50 g Sultaninen
1 Apfel
evtl. etwas Speisestärke

Hähnchenschlegel waschen, abtrocknen, salzen, pfeffern und im heißen Fett ringsum anbraten. Kleingeschnittene Zwiebeln und Knoblauchzehe zugeben, Hitze reduzieren und die Geflügelbrühe und ein Drittel des Bieres angießen. Nelken und Tomatenmark zugeben, mit Zimt und Cayennepfeffer würzen. Zugedeckt bei milder Hitze 30 Minuten schmoren lassen.
Das restliche Bier und die gewaschenen Sultaninen zugeben. Weitere 30 Minuten schmoren lassen.
In den letzten 10 Minuten den geschälten und geriebenen Apfel in die Sauce rühren und mitgaren. Mit Salz und Pfeffer abschmecken.

Putenschnitzel in Kristallweizen

4 Putenschnitzel
Pfeffer
1 Zwiebel
½ Liter Weizenbier (Kristall)
3 EL Butter
Salz
4 EL süße Sahne

Die Putenschnitzel pfeffern und mit der kleingewürfelten Zwiebel 3 Stunden im Weizenbier marinieren.
2 Eßlöffel Butter in der Pfanne zerlassen und darin die abgetropften Schnitzel bei mittlerer Hitze goldbraun braten. Schnitzel aus der Pfanne nehmen und warm stellen. Bratfett abgießen und die restliche Butter in der Pfanne erhitzen, mit der Hälfte der Marinade ablöschen, mit Salz und Pfeffer abschmecken und 2 Minuten einkochen lassen. Sahne zugeben und weitere 3 Minuten reduzieren. Sauce durchseihen und über die angerichteten Schnitzel gießen.
Dazu passen Bandnudeln oder Reis, grüner Salat oder Gurkensalat und natürlich ein Kristallweizenbier.

Nicht umsonst wird das Weizenbier auch „Champagnerbier" genannt, denn in seinem eleganten, schlanken Glas wirkt es geradezu vornehm. Und weil es so viel Kohlensäure enthält, wirkt es besonders belebend, frisch und prickelnd. Es paßt deshalb zu fast allen leichten, feinen Speisen – wie eben zu Putenschnitzel.

Rehrücken nach Braumeisterart

1 Rehrücken (ca. 1,5 kg)

Für die Beize:
2 Karotten
1 Petersilienwurzel
1 Sellerieknolle
2 Zwiebeln
6 Wacholderbeeren
1 Lorbeerblatt
1 TL Thymian
8 schwarze Pfefferkörner
2 TL Salz
½ Liter Wasser
¾ Liter Bockbier

200 g Bauchspeck
2 EL Bratfett
200 g saure Sahne
evtl. 1 EL Speisestärke

Rehrücken waschen, trockentupfen und enthäuten.
Für die Beize: Karotten, Petersilienwurzel und Sellerie putzen und kleinschneiden, die Zwiebeln abziehen und würfeln. Das Gemüse mit den Gewürzen in einen großen Topf oder Bräter mit dem Wasser und ½ Liter Bier aufkochen und etwa 30 Minuten weiterköcheln lassen. Nach dem Abkühlen das restliche Bier zugießen, Rehrücken einlegen und zugedeckt 2 Tage an einem kühlen Ort ziehen lassen.
Rehrücken aus der Beize nehmen, abtrocknen. Gemüse durchseihen und beiseite stellen.
Backofen auf 180 °C vorheizen. Den kleingeschnittenen Bauchspeck im Bratfett goldgelb werden lassen, dann den Rehrücken darin von allen Seiten anbraten. Fleisch herausnehmen und den Bratfond mit etwas Beize ablöschen. Das Gemüse zugeben und 5 Minuten kochen lassen. Den Rührücken darauflegen und alles im vorgeheizten Backofen 1 Stunde garen, dabei ab und zu mit dem Bratfond und etwas von der restlichen Beize übergießen. Fleisch von den Knochen lösen, schräg aufschneiden, anrichten und warm halten.
Bratfond durch ein Sieb passieren, falls nötig noch etwas Beize zugeben, aufkochen lassen und mit der Sahne binden. Wer die Sauce gern etwas sämiger wünscht, kann sie mit Speisestärke eindicken.

Die Strahlenbelastungen für Wild sind mittlerweile so weit zurückgegangen, daß man sich Rehfleisch wieder ohne Bedenken einverleiben kann. Sein kräftiger Geschmack verlangt nach einem entsprechend starken Bier, gleichwohl ist Rehrücken das saftigste, zarteste Stück von unserem vertrauten Waldbewohner – für viele der vorzüglichste Braten.

Bierkoteletts

4 Schweinekoteletts
Salz
Pfeffer
Mehl
2 grüne Paprika
4 Tomaten
2 Zwiebeln
3 EL Bratfett
2 EL Tomatenmark
1/8 Liter dunkles Bier
2 EL gehackte Petersilie

Die Koteletts waschen, trockentupfen, auf beiden Seiten salzen und pfeffern und in Mehl wenden. Paprika waschen, von Kernen und Zwischenwänden befreien und in feine Streifen schneiden. Tomaten abziehen und kleinschneiden. Zwiebeln schälen und würfeln. Koteletts im heißen Fett von beiden Seiten scharf anbraten, herausnehmen. In das Bratfett die Paprikastreifen geben und 5 Minuten dünsten. Dann die Zwiebelwürfel zufügen und weitere 3 Minuten dünsten, anschließend die Tomatenstücke und das Tomatenmark beigeben, das Bier angießen, salzen und pfeffern.
Die Koteletts obenauf legen und zugedeckt bei milder Hitze 20 Minuten weich dünsten.
Dazu werden Salzkartoffeln und dunkles Bier zu Tisch gebracht.

Schweinekoteletts sind nicht zuletzt so beliebt, weil ihre Zubereitung relativ unkompliziert ist. Zudem erlauben sie viele Variationen und sind deshalb besonders für diejenigen eine große Hilfe, die wenig Zeit haben und trotzdem abwechslungsreich kochen wollen. Dem Thema angemessen, darf ich Ihnen hier ein weiteres Kotelettrezept vorschlagen, das sicher nicht alltäglich ist und allein schon deshalb zum Ausprobieren reizen sollte.

Bierleberle

750 g Rinderleber
½ Liter Milch
Mehl
100 g Räucherspeck
1 Zwiebel
Pfeffer
¼ Liter dunkles Bier
2 EL Crème fraîche
4 EL gehackte Petersilie

Tip:
Innereien sind im Vergleich zu Muskelfleisch etwas höher mit Schadstoffen belastet. Grundsätzlich ist es nie ein Fehler, sich beim Kauf zu erkundigen, woher das Fleisch und die Innereien stammen. Je naturgemäßer und in weitgehend unbelasteter Umgebung das Tier leben konnte, desto gesünder wird der Verzehr seines Fleisches sein.

Leber eine Stunde in Milch legen, dann herausnehmen, abspülen und trockentupfen. In fingerdicke Streifen schneiden und in Mehl wenden. Den Speck kleinschneiden und in der Pfanne anbraten. Die geschälte und gewürfelte Zwiebel zugeben und glasig werden lassen. Die Leberstreifen zugeben und 5 Minuten auf allen Seiten anbraten. Pfeffern, mit dem Bier ablöschen und etwas einkochen lassen. Hitze reduzieren und Crème fraîche unterrühren, 3 Minuten köcheln lassen. Wenn die Sauce zu dick wird, noch etwas Bier zugießen. Mit Petersilie bestreuen.
Zusammen mit Nudeln und grünem Salat werden die Bierleberle zu einem preiswerten und schnell zubereiteten Mahl, wobei als Getränk ein dunkles Bier nicht fehlen sollte.

Innereien sind hochwertige Nahrungsmittel und werden meist preiswerter angeboten als die üblichen Fleischsorten. Besonders Rinderleber enthält viel Vitamin A und wertvolle Mineralstoffe. Weil sie jedoch manchmal leicht bitter schmekken kann, wird sie vor der Zubereitung in Milch eingelegt, um ihr die Bitterstoffe zu entziehen.

Bratwurst in Bier

Dieses Gericht ist bei uns immer beliebt: Als schnelle Zwischenmahlzeit einfach mit Brot, oder wir bereiten es zusammen mit Salzkartoffeln und Rotkohl als ein preiswertes, herzhaftes Mittagessen. In beiden Fällen schmeckt Altbier am besten dazu.

Wohl produziert Schultheiß in Berlin große Mengen Berliner Weiße, doch im Sortiment der Brauerei finden sich auch zahlreiche andere Sorten wie Pils und Alt.

4 helle Bratwürste (Oberländer)
2 EL Schweineschmalz
1 Zwiebel
1 EL Mehl
330 ml Altbier
Salz
Pfeffer

Die Würste im Schmalz ringsum anbraten, die geschälte und kleingehackte Zwiebel zugeben und glasig werden lassen. Mit Mehl bestäuben und alles gut anbräunen. Mit Bier ablöschen und mit Salz und Pfeffer abschmecken. Zugedeckt bei kleiner Hitze 10–15 Minuten schmoren lassen.

Braumeistertorte

100 g durchwachsener Schweinebauch
1 EL Schweineschmalz
1 Zwiebel
je 100 g Schweine- und Kalbsgeschnetzeltes
2 Saitenwürste
100 ml helles Bier
150 g Kalbsbrät
2 Eier
500 g Sauerkraut
1 EL Butter
4 EL Semmelbrösel
600 g Blätterteig (tiefgefroren)

Bauchspeck würfeln und im Schmalz anbraten, kleingeschnittene Zwiebel darin glasig werden lassen. Das Geschnetzelte und die in Scheiben geschnittenen Saitenwürste dazugeben und alles gut anbräunen. Mit dem Bier ablöschen und die Flüssigkeit etwas reduzieren. Vom Feuer nehmen.

Backofen auf 180 °C vorheizen. Kalbsbrät mit den Eiern und dem Sauerkraut gut vermischen. Dazu die abgekühlte Zwiebel-Fleisch-Masse geben und alles gründlich vermengen. Eine feuerfeste Form mit der Butter ausfetten, mit der Hälfte der Semmelbrösel bestreuen und mit ⅔ des aufgetauten Blätterteigs auslegen. Die restlichen Semmelbrösel auf dem Teig verteilen. Die Sauerkraut-Fleisch-Masse einfüllen, glattstreichen und mit dem restlichen Teig abdecken. Mit einer Gabel mehrere Löcher in den Deckel stechen, damit die Flüssigkeit verdampfen kann. Im vorgeheizten Backofen 45 Minuten garen.

Diese Torte kann genausogut als rustikales Mittagsmahl wie als gute Grundlage für einen feuchtfröhlichen Skatabend gereicht werden. Im letzten Fall kann sie die angenehme Fähigkeit entwickeln, wenigstens einen Teil vom Alkoholstreß für die Mägen der Spieler aufzufangen und aufkommende Kater im Keim zu ersticken. – Allerdings: Wunderdinge in dieser Hinsicht dürfen Sie auch von dieser Torte nicht erwarten!

Geschnetzeltes nach Bierbrauerart

2 EL Schweineschmalz
2 Zwiebeln
4 Schweineschnitzel
(je ca. 200 g)
400 ml dunkles Bier
1 TL Paprika, edelsüß
Salz
Pfeffer
1 Lorbeerblatt
Nelkenpulver
Tomatenmark
½ grüne Paprika
2 Gewürzgurken
125 g saure Sahne
2 EL Schnittlauchröllchen

1 Eßlöffel Schmalz in der Pfanne zerlassen und darin die kleingeschnittenen Zwiebeln glasig andünsten. Zwiebeln herausnehmen, restliches Schmalz bei starker Hitze zergehen lassen und darin das in Streifen geschnittene Fleisch portionsweise scharf anbraten und herausnehmen.
Nach der letzten Portion die Hitze reduzieren und den Bratfond mit dem Bier ablöschen. Mit den Gewürzen und dem Tomatenmark abschmecken. Fleisch- und Zwiebelstücke zugeben und alles zugedeckt 10 Minuten bei kleiner Flamme schmoren.
Dann die kleingeschnittene Paprika und die in Streifen geschnittenen Gurken zugeben und weitere 10 Minuten köcheln lassen.
Die saure Sahne mit etwas Sauce verrühren und zum Fleisch geben. Nochmals abschmecken und mit Schnittlauch bestreut servieren.
Curryreis und dunkles Bier schmecken gut dazu.

Schweinefleisch und Bier sind ideale Partner. Das dunkle Bier, das bei diesem Rezept verwendet wird, hat einen kräftig malzigen Geschmack, den es auch den Speisen mitteilt, die mit ihm zubereitet werden. Wem dieser Geschmack zu sehr dominiert, der kann einen Teil des dunklen Bieres durch helles Exportbier ersetzen.

INGREDIENTS

Gulasch mit Karotten

100 g Bauchspeck
2 EL Schweineschmalz
800 g Schweinegulasch
4 Zwiebeln
¼ Liter Fleischbrühe
¼ Liter dunkles Bier
Pfeffer
Salz
1 EL Paprika, edelsüß
500 g Karotten
125 g saure Sahne
2 EL Mehl

Bauchspeck in kleine Würfel schneiden und im Schweineschmalz ausbraten. Gulasch darin bei starker Hitze portionsweise scharf anbraten. Fleisch und Speck herausnehmen und im Bratfett die kleingehackten Zwiebeln glasig werden lassen. Mit Fleischbrühe und Bier ablöschen, die Sauce mit Pfeffer, Salz und Paprika würzen. In die heiße Sauce die Fleisch- und Speckwürfel wieder einlegen und zugedeckt bei milder Hitze 40 Minuten garen.
In der Zwischenzeit die Karotten putzen und kleinschneiden. Zu dem Gulasch geben und alles weitere 30 Minuten zugedeckt dünsten. Die Sahne mit dem Mehl verrühren und 5 Minuten vor Ende der Garzeit das Gulasch damit binden.
Dazu gibt es Salzkartoffeln und als Getränk dunkles Bier.

Karotten und dunkles Bier sind sich in Farbe und Geschmack gar nicht so unähnlich. Dunkles Bier schimmert rötlichbraun und schmeckt wie die Karotten leicht süßlich. Kein Wunder, daß die beiden als Zutaten in diesem Rezept so wunderbar harmonieren.

Hackfleischklösschen in heller Biersauce

Körniger Reis mit Wildreis gemischt, Chinakohlsalat und ein kühles Pils sind die passende Begleitung.

Hackfleisch ist ein wahrer Verwandlungskünstler unter den Nahrungsmitteln. In den unterschiedlichsten Gestalten und „Verkleidungen" lacht es uns immer wieder verführerisch entgegen. So ist es unentbehrliche Grundzutat für die einfache Bulette genauso wie für falschen Hasen, für gefülltes Gemüse genauso wie für Königsberger Klopse, für Ćevapčići genauso wie für Klößchen in heller Biersauce.

Für die Klößchen:
2 Brötchen
600 g Hackfleisch
2 Eier
1 Zwiebel
1 EL Fett
1 Bund Petersilie
Salz
Pfeffer

Für die Sauce:
4 EL Fett
3 EL Mehl
1 Liter helles Bier
1 Zwiebel
Salz
Pfeffer
Muskat

Brötchen in Wasser einweichen und gut ausdrücken. Mit dem Hackfleisch und den Eiern vermischen. Zwiebel abziehen, kleinwürfeln und im Fett zusammen mit der gewaschenen und kleingehackten Petersilie andünsten. Zwiebel und Petersilie zu der Hackfleischmasse geben und alles gut vermengen. Mit Salz und Pfeffer abschmecken.
Für die Sauce: Fett in einem Topf zerlassen, mit Mehl überstäuben und eine helle Mehlschwitze herstellen. Mit dem Bier ablöschen, die kleingehackte Zwiebel zugeben und mit den Gewürzen abschmecken.
Aus dem Fleischteig kleine Klößchen formen und in der Sauce 15 Minuten ziehen lassen.

Lendchen im Bierschlafrock

2 Schweinelendchen (je ca. 400 g)
Pfeffer
Salz

Für die Marinade:
1 Karotte
½ Lauchstange
¼ Sellerieknolle
½ Zwiebel
½ Liter Pilsner Bier

300 g Blätterteig (tiefgefroren)
2 EL Schweineschmalz
100 g Bauchspeck
½ Zwiebel
4 EL kleingehackte Petersilie
2 EL Crème fraîche
100 g Kalbsbrät
1 Ei
6 Scheiben gekochter Schinken
1 Eigelb

Schweinelendchen waschen und trockentupfen, pfeffern und salzen.
Für die Marinade: Das Gemüse putzen, in kleine Würfel schneiden, in einem Topf mit Bier angießen, pfeffern, salzen und aufkochen. Erkalten lassen und die Schweinelendchen über Nacht darin einlegen.
Am nächsten Tag Blätterteig auftauen lassen.
Lendchen aus der Marinade nehmen, abtropfen lassen und im heißen Schweineschmalz ringsum scharf anbraten, herausnehmen und kalt stellen. Bauchspeck und geschälte Zwiebel würfeln und in derselben Pfanne glasig werden lassen. Beize abseihen und das Gemüse daraus zu den Zwiebel- und Speckwürfeln geben. Die Petersilie unterrühren. Crème fraîche zugeben und alles gut reduzieren. Vom Feuer nehmen, etwas abkühlen lassen und mit Kalbsbrät und Ei vermengen.
Backofen auf 180 °C vorheizen.
Den Blätterteig ausrollen, halbieren und jede Hälfte mit Schinken belegen. Die Masse darauf verteilen und je ein Lendchen darauflegen. Zwei Rollen formen, mit Eigelb bestreichen und im vorgeheizten Backofen 40 Minuten backen.

Sehr gut passen dazu verschiedene Salate der Saison, bunt und abwechslungsreich: von Tomaten, Paprika, Endivien, Radicchio und so fort.

Die Zubereitung ist zwar in der ersten Phase etwas aufwendig, wenn aber das Fleisch erst einmal im Backofen ist, können in Ruhe die Gerätschaften gespült und weggeräumt werden. Für die Beilagen wird nämlich außer Salatschüsseln nichts mehr benötigt.

Rindergeschnetzeltes

Beim Geschnetzelten ist es ratsam, die Fleischstücke nur in kleinen Portionen anzubraten. Gibt man sie alle auf einmal in die Pfanne, senkt sich deren Temperatur zu stark ab. Das Fleisch wird nicht heiß genug angebraten und verliert Saft, weil sich die Poren nicht schnell genug schließen. Der „Erfolg" ist, daß auch zartes Filetfleisch hart und trocken wird.

500 g Rinderfilet
2 EL Bratfett
200 g kleingehackte Zwiebeln
½ Knoblauchzehe
2 EL Fett
1 EL Mehl
¼ Liter Fleischbrühe
¼ Liter helles Bier
Thymian
Salz
Pfeffer

Fleisch waschen, abtrocknen und in fingerdicke Streifen schneiden. Im heißen Fett portionsweise scharf anbraten, aus der Pfanne nehmen und warm stellen. Die Zwiebeln und den kleingehackten Knoblauch im Fett glasig werden lassen, mit Mehl bestäuben und leicht anbräunen. Mit Fleischbrühe und Bier ablöschen, mit Thymian, Salz und Pfeffer würzen. Die Fleischstücke einlegen und alles zugedeckt bei mittlerer Hitze 20 Minuten dünsten.
Mit breiten Nudeln und grünem Salat servieren. Und als Getränk? Selbstverständlich ein oder zwei kühle Helle – wie Sie wollen: „normal", leicht oder alkoholfrei.

Rinderschmorbraten

Auerbachs Keller in Leipzig: Der genius loci *wirkt vielleicht manchmal noch, wichtiger dürften aber Bier, Wein und gutes Essen sein.*

1 kg Rindfleisch
2 Karotten
1 Zwiebel
1 Stange Porree
2 Lorbeerblätter
4 Nelken
½ TL getrockneter Thymian
Selleriesalz
Pfeffer
½ Liter helles Bier
3 EL Bratfett
1 EL Tomatenmark
Pfeffer
Salz
1 EL Speisestärke

Fleisch waschen, abtrocknen und mit dem geputzten und kleingeschnittenen Gemüse und den Gewürzen in eine Schüssel geben, Bier angießen und 2 Tage marinieren. Gelegentlich umwenden. Fleisch aus der Marinade nehmen, abtropfen lassen und im heißen Fett ringsum scharf anbraten. Aus dem Topf nehmen und das aus der Marinade abgeseihte Gemüse im Bratfett anrösten. Marinade zugießen, Bratfond lösen und mit Tomatenmark, Pfeffer und Salz würzen. Fleisch in die heiße Flüssigkeit geben – es muß bis zur Hälfte bedeckt sein – und zugedeckt 90 Minuten schmoren. Fleisch wenden und weitere 60 Minuten im geschlossenen Topf schmoren. Aus dem Topf nehmen und warm stellen. Bratensauce durch ein Sieb passieren und mit der kalt angerührten Speisestärke eindicken. Dazu gibt es Salzkartoffeln oder Teigwaren, grünen Salat oder gedünstetes Gemüse.

Rindfleisch muß immer abgehangen sein und hat dann eine dunkelrot-graue Färbung. Darauf sollten Sie beim Kauf achten. Denn mag auch die leuchtendrote Farbe von frisch geschlachtetem Rindfleisch optisch gut aussehen, das Fleisch verliert in der Bratröhre viel zuviel Saft, wird trocken und schrumpft ein. Für einen saftigen Rinderschmorbraten sind die preiswerteren Schulter- und Keulenstücke bestens geeignet.

Belgischer Rindfleischeintopf

4 EL Schmalz
2 kleingeschnittene Zwiebeln
800 g Rindfleisch
2 EL Mehl
1 EL Essig
½ Liter helles Bier
2 TL gekörnte Brühe
2 EL Tomatenketchup
1 EL Tomatenmark
1 EL gehackte Petersilie
1 Lorbeerblatt
1 TL getrockneter Thymian
Salz
Pfeffer
Schmalz zum Ausfetten

Backofen auf 180 °C vorheizen.
2 Eßlöffel Schmalz in der Pfanne zerlassen und die Zwiebelwürfel darin glasig werden lassen, herausnehmen und beiseite stellen.
Rindfleisch in daumengroße Stücke schneiden, in Mehl wenden und mit dem Rest des Schmalzes in derselben Pfanne scharf anbraten. Herausnehmen und beiseite stellen.
Den Bratfond mit dem Essig und ⅔ des Bieres loskochen, die gekörnte Brühe, das Tomatenketchup und das Tomatenmark dazurühren. Petersilie, Lorbeerblatt und Thymian zugeben, salzen und pfeffern. Eine feuerfeste Form ausfetten und darin schichtweise Fleisch und Zwiebeln einfüllen, mit der Sauce und dem restlichen Bier auffüllen. Im vorgeheizten Backofen mit geschlossenem Deckel 90 Minuten garen. Dazu werden Teigwaren und frischer Salat gereicht. Bier als Getränk ist obligatorisch, probieren Sie doch gleich eine der zahlreichen belgischen Spezialitäten!

In Belgien hat das Bierbrauen eine große Tradition, und die Vielfalt an außergewöhnlichen Bieren ist auf der ganzen Welt wohl unübertroffen. Kein Wunder, daß dieses Land auch hervorragende Bierrezepte kennt. Noch heute ist es in Belgien – ähnlich wie bei den Tschechen und Slowaken – eine Selbstverständlichkeit, daß viele Gerichte mit Bier verfeinert werden.

Schwärtelbraten in Kräuterbier

1 kg Schweinebraten mit Schwarte
Salz
Pfeffer
getrockneter Thymian
1 EL Fett
1 Zwiebel
2 Karotten
1 Streifen Selleriewurzel
1 Bund Petersilie
Liebstöckel
Majoran
Basilikum
¼ Liter helles Bier
¼ Liter dunkles Bockbier
1–2 EL Speisestärke

Die Schwarte des Schweinebratens vom Metzger rautenförmig einschneiden lassen.
Backofen auf 225 °C vorheizen. Fleisch waschen, abtrocknen, salzen, pfeffern und mit Thymian bestreuen, dabei besonders die Schwarte gut einsalzen. Braten in eine gefettete Auflaufform legen und im vorgeheizten Backofen 20–30 Minuten vorbraten.
Inzwischen das Gemüse und die frischen Kräuter putzen, waschen und kleinschneiden, zum Braten geben und mit dem erhitzten hellen Bier angießen. Weitere 70–90 Minuten braten. In den letzten 15 Minuten die Schwarte mehrmals mit dem dunklen Bier begießen, bis dieses verbraucht ist. Den Braten herausnehmen, warm stellen.
Die Sauce durch ein Sieb geben, Gemüse passieren und zuletzt die Sauce mit der kalt angerührten Speisestärke nach Geschmack andicken.
Semmelknödel und Krautsalat sind die klassischen Beilagen, dunkles Bier das traditionelle Getränk.

Bayern und Bier werden heutzutage in einem Atemzug genannt. Ebenso eng ist die Verbindung des bayerischen Schwärtelbratens mit dem Bier. Denn dieser Braten wird mit Bier begossen, seine Sauce wird mit Bier abgeschmeckt, und als begleitendes Getränk gibt es – natürlich Bier.

Wildgemachter Schweinebraten

1,2 kg Schweinebraten (Bug oder Schlegel)

Für die Beize:
1 Zwiebel
2 Karotten
1 Lorbeerblatt
5 zerstoßene Pfefferkörner
4 zerdrückte Wacholderbeeren
je 2 TL getrockneter Thymian, Majoran und Rosmarin
½ Liter Buttermilch

2 EL Fett
½ Liter dunkles Bier
100 g geräucherter Speck in Scheiben

Fleisch waschen, abtrocknen und in eine große Schüssel legen. Zwiebel abziehen und würfeln, Karotten putzen und kleinschneiden. Zusammen mit dem Lorbeerblatt, dem Pfeffer, den Wacholderbeeren und der Hälfte der Kräuter zum Fleisch geben und alles mit der Buttermilch begießen. 2 Tage an einem kühlen Ort zugedeckt stehen lassen. Fleisch ab und zu wenden.
Fleisch aus der Beize nehmen und abtrocknen. Backofen auf 210 °C vorheizen.
Gemüse abseihen und beiseite stellen. Fleisch im heißen Fett von allen Seiten scharf anbraten, herausnehmen, das Gemüse in den Topf geben und im Bratfett andünsten. Die Hälfte des Bieres zugießen und den Bratfond ablösen.
Das Fleisch wieder dazugeben, mit den restlichen Kräutern bestreuen und mit den Speckscheiben belegen.
Im vorgeheizten Backofen 2 Stunden garen.
In den letzten 30 Minuten die Speckscheiben entfernen und den Braten öfter mit dem restlichen Bier und dem Bratfond begießen.
Fleisch herausnehmen und warm stellen. Bratfond passieren.
Mit Spätzle und Feldsalat zu Tisch bringen.

In der Regel wird Wildfleisch einige Tage vor der Zubereitung mariniert. Durch das Einlegen wird es zarter, und das Aroma der Beize teilt sich dem Fleisch intensiv mit. Ein einfacher Schweinebraten wird durch das Einlegen ebenfalls aromatischer und erhält dadurch einen leicht wildähnlichen Geschmack.

Schweinenieren in Doppelbock

4 kleine Schweinenieren
Mehl
3 Zwiebeln
4 Tomaten
1 grüner Paprika
3 EL Öl
⅓ Liter dunkler Doppelbock
Salz
Pfeffer
1 Knoblauchzehe

Nieren waschen, von Fett und Sehnen befreien und in ½ Zentimeter dicke Scheiben schneiden, im Mehl wenden. Zwiebeln schälen und würfeln, Tomaten und Paprika waschen, kleinschneiden und beiseite stellen.
Zwiebeln im heißen Öl glasig werden lassen, dann die Nierenscheiben zugeben und 3–4 Minuten anbraten. Mit ⅔ des Bieres ablöschen, die Tomaten- und Paprikastreifen zugeben, salzen, pfeffern und die zerdrückte Knoblauchzehe unterrühren. 15 Minuten zugedeckt bei milder Hitze dünsten.
Das restliche Bier zugießen und alles noch einmal 5 Minuten ziehen lassen.
Zusammen mit Bandnudeln und Salat oder einfach mit Brot und dunklem Bier zu Tisch bringen.

Besonders in Süddeutschland sind die „Schweinenierle“ beliebt. Da werden sie zumeist in einer sauren Sauce serviert. In unserem Rezept wird jedoch ein kräftiges Doppelbockbier für die Sauce verwendet. Es harmoniert nämlich ähnlich gut wie der sonst übliche Essig mit dem Geschmack der Nieren.

Steak nach Braumeisterart

Im Keller des Münchner Hofbräuhauses, hier einmal recht leer.

80 g Schweineschmalz
2 Karotten
2 Zwiebeln
4 Schweinesteaks
2 EL Mehl
¾ Liter dunkles Bier
Salz
Pfeffer
Selleriesalz

Die Hälfte des Schmalzes in der Pfanne zerlassen und die kleingeschnittenen Karotten und Zwiebeln darin anbraten, herausnehmen und beiseite stellen.
Wieder etwas Fett in der Pfanne zerlassen und das Fleisch darin scharf anbraten. Fleisch zu den Karotten und Zwiebeln geben, Bratfett abgießen.
Restliches Schweineschmalz in der Pfanne erhitzen, das Mehl darüberstäuben, braun werden lassen und mit dem Bier ablöschen.
Angebratenes Fleisch, Karotten und Zwiebeln in die Sauce geben, mit den Gewürzen abschmecken und alles zugedeckt bei mittlerer Hitze 30 Minuten schmoren.
Dazu werden grüner Salat, Spätzle oder Semmelknödel gereicht und dunkles Bier getrunken.

Das dunkle Bier, das für dieses Rezept verwendet wird, war früher das typische Münchner Bier. Heute wird jedoch auch in Deutschlands „heimlicher Hauptstadt“ vorwiegend helles Bier getrunken. Will man also in München einmal ein dunkles Bier kosten, so muß man es auch da ausdrücklich verlangen, denn sonst wird einem unweigerlich ein helles gebracht.

WEISSBIERFRÜHSTÜCK

Hefeweißbier
Weißwürste
süßer bayerischer Senf
Laugenbrezeln
Butter
Radieschen oder Rettich

Die Weißwürste müssen in kaltem Wasser angesetzt werden, das langsam erhitzt wird, sie dürfen nicht kochen, sonst besteht die Gefahr, daß sie platzen.

Sektfrühstück auf bayerisch! Für ein richtig ausgedehntes Weißbierfrühstück eignet sich eigentlich nur ein arbeitsfreier Werktag. Allein deshalb, weil man für so ein morgendliches Fest einfach Zeit braucht, um es richtig zu genießen. Und wenn auch Weißbier, ähnlich wie Sekt, aufmunternde Wirkung hat und seine Inhaltsstoffe – übrigens wissenschaftlich erwiesen – den Alkoholkater vertreiben, so schmeckt einem die Arbeit nach solch opulenten morgendlichen Genüssen trotzdem nicht mehr richtig. Weil es jedoch außerhalb Bayerns kaum Metzgereien geben wird, die an Sonn- und Feiertagen geöffnet haben, nur um frische Weißwürste anzubieten, muß das Weißbierfrühstück auf einen Werktag verlegt werden. Weißwürste gehören nämlich unbedingt zu diesem Frühstück, und die dürfen nach alter bayerischer Erfahrung das Zwölfuhrläuten nicht hören, sonst schmecken sie nicht mehr gut. Es hilft also nichts: Irgend jemand muß, unmittelbar bevor sich alle zu Tisch setzen, zum Metzger gehen, um frische Weißwürste zu besorgen. Auch knusprige Laugenbrezeln sind ein unbedingtes „Muß" beim Weißbierfrühstück.
Weil genaue Mengenangaben hier beim besten Willen nicht gemacht werden können – die richten sich nach der jeweiligen Verfassung der Gäste –, kann ich nur aufzählen, was unbedingt dazugehört.

Altbiersuppe

1 Vanilleschote
½ Liter Milch
¼ Liter Altbier
2 EL Zucker
1 TL Speisestärke
2 EL Butter
4 Eigelb
⅛ Liter süße Sahne
4 Eiweiß
2 EL Puderzucker
Zimt zum Bestreuen

Tip:
Für Süßspeisen wie diese und die folgenden sollten nicht die herben Pilsner Biere verwendet werden. Biere mit deutlichem Malzgeschmack – hell oder dunkel – eignen sich dafür stets besser.

Vanilleschote aufschneiden und mit Milch und Bier aufkochen. Zucker einrühren. Speisestärke in 1 Eßlöffel kaltem Wasser anrühren und damit die Suppe binden. Topf vom Feuer nehmen, Vanillemark aus der Schote in die Flüssigkeit kratzen und die Butter darin zergehen lassen. Das Eigelb mit der Sahne verquirlen und die Suppe damit legieren. Kühl stellen. Eiweiß mit dem Puderzucker sehr steif schlagen, mit einem Teelöffel Flocken auf die kalte Suppe abstechen. Die Eiweißflocken mit Zimt bestreuen.
Eiskalt servieren.

Diese Suppe eignet sich besonders gut im Sommer als ausgefallenes Dessert. Sie hat auch den Vorteil, daß sie schon längere Zeit vor dem Essen zubereitet werden kann und deshalb keine Zeit mehr beansprucht, wenn man sich um den Hauptgang kümmert.

Apfelküchle

Die Kohlensäure des Bieres wirkt im Teig als natürliches Treibmittel. Deshalb sind Bierteige auch so wunderbar luftig und gut verträglich. Beim Ausbacken ist es wichtig, daß das Fett sehr heiß ist, denn so dringt es nicht allzusehr in den Teig ein, und die ausgebackenen Leckereien werden dann auch nicht so kalorienreich.

Für den Teig:
250 g Mehl
1 EL Öl
¼ Liter helles Bier
1 EL Calvados
3 Eigelb
3 Eiweiß

4 säuerliche Äpfel
Öl zum Ausbacken
Zucker und Zimt zum Bestreuen

Mehl, Öl, Bier, Calvados und das Eigelb zu einem glatten Teig verrühren. 1 Stunde stehenlassen, dann das steifgeschlagene Eiweiß vorsichtig unterheben.
Äpfel schälen, Kerngehäuse mit dem Apfelausstecher entfernen und die Äpfel in Ringe schneiden. Apfelringe durch den Teig ziehen und im heißen Fett auf jeder Seite goldgelb ausbacken. Sofort mit Zucker und Zimt bestreuen und noch heiß servieren.
Gut paßt eine kühle Vanillesauce zu dieser kleinen Leckerei.

Pudding in Bierschaum
Biercreme Rosina

PUDDING IN BIERSCHAUM
4 altbackene Brötchen
10 g Orangeade
abgeriebene Schale von
1 unbehandelten Zitrone
20 g gehobelte Mandeln
30 g Sultaninen
100 ml Weinbrand
2 Eier
2 EL Zucker
Butter zum Ausfetten
Semmelbrösel zum Ausstreuen
Für die Sauce:
3 Eigelb
⅛ Liter dunkles Bier
2 EL Zucker
Zimt
3 Eiweiß
Sahne zum Verzieren

BIERCREME ROSINA
Zutaten für 2 Personen:
⅛ Liter dunkles Bier
1 Eigelb
50 g Zucker
2 Blatt Gelatine
1 Eiweiß
200 g geschlagene Sahne

PUDDING IN BIERSCHAUM
Brötchen in kleine Stücke reißen, mit der Orangeade, der Zitronenschale, den Mandeln und den eingeweichten Sultaninen gut vermengen. Mit Weinbrand übergießen, nochmals vermischen und über Nacht in einem verschlossenen Gefäß im Kühlschrank ziehen lassen.
Eier und Zucker zugeben und alles gut vermengen. 4 feuerfeste Förmchen ausbuttern, mit Semmelbröseln ausstreuen und die Masse darin verteilen. Im Wasserbad im Backofen bei 150 °C etwa 40 Minuten garen.
Für die Sauce: Das Eigelb mit dem Bier und dem Zimtzucker unter Rühren erhitzen, nicht kochen lassen! Vom Herd nehmen und das geschlagene Eiweiß vorsichtig unterziehen.
Die Sauce in 4 große flache Teller gießen, jeweils einen Brotpudding darauf geben und mit geschlagener Sahne verzieren.

BIERCREME ROSINA (oben)
Bier, Eigelb und Zucker im Wasserbad cremig aufschlagen. Die in kaltem Wasser eingeweichte und ausgedrückte Gelatine dazurühren. Vom Feuer nehmen und abkühlen lassen.
Eiweiß steif schlagen und mit der Sahne unter die noch warme Creme heben.
Kalt servieren.

Achtung, dieser Pudding ist nichts für Kinder, er enthält nämlich reichlich Alkohol! Als Abschluß eines festlichen Abendmenüs eignet er sich jedoch vorzüglich. Auch wenn er warm serviert und deshalb nicht fix und fertig aus dem Kühlschrank gezogen wird, kann man ihn am Tag zuvor doch so weit vorbereiten, daß die restlichen Arbeiten die Gastgeber nicht allzulang in der Küche festhalten.
Und daß sich mit Wein köstliche Cremes zaubern lassen, ist bekannt. Unser zweites Rezept beweist, daß dies mit Bier ebensogut möglich ist.

JOGHURTBIER
WEIZENBIERBOWLE

JOGHURTBIER
½ Liter helles Bier
600–700 g Joghurt
1 EL Zucker
1 Zitrone
4 EL Preiselbeerkonfitüre

WEIZENBIERBOWLE
1 Liter Weizenbier (kristallklar)
1 Liter trockener Sekt
2 Zitronen (unbehandelt)

JOGHURTBIER (links)
Im Mixer Bier, Joghurt, Zucker und den Saft von ½ Zitrone mixen. In 4 hohe Gläser füllen, die zweite Hälfte der Zitrone in 4 Ringe schneiden (oberes Ende wegschneiden). Auf jedes Glas eine Zitronenscheibe legen, mit Preiselbeerkonfitüre garnieren und eiskalt servieren.

WEIZENBIERBOWLE
Eisgekühltes Bier und eiskalten Sekt vorsichtig miteinander mischen. Zitronen heiß abwaschen, gut abreiben und in Scheiben schneiden. Mit der Gabel jede Scheibe mehrmals einstechen und zu der Bier-Sekt-Mischung geben.
Eiskalt servieren.

Wem die Mischung aus Joghurt und Bier etwas abenteuerlich erscheint, dem sei versichert, daß sie in der Praxis erprobt ist und besonders an heißen Tagen für willkommene Abwechslung im Bierglas sorgen kann.
Und wie erfrischend allein schon ein kühles Weizenbier ist, bedarf hier wohl keiner weiteren Erläuterung. Diese Bowle ist aber noch eine Steigerung des „einfachen" Weizenbiergenusses und eignet sich besonders gut für eine fröhliche Gartenparty.

Bierpunsch
Gewürzbier

BIERPUNSCH
3 Eiweiß
6 EL Puderzucker
3 Eigelb
1 unbehandelte Zitrone
1 Liter helles Bier (Export)
Zimt

GEWÜRZBIER
1 Liter dunkles Bier
3 EL Honig
je 1 Prise gemahlener Pfeffer, Ingwer und Zimt
2–3 Nelken

BIERPUNSCH (vorne)
Eiweiß mit dem Puderzucker steif schlagen. Das verrührte Eigelb vorsichtig unterziehen. Die Schale der Zitrone abreiben und mit dem Bier bis kurz vor dem Kochen erhitzen.
Vom Feuer nehmen und unter die Eimasse rühren. In Gläser füllen und noch heiß, mit Zimt bestreut, servieren.
Löffelbiskuits sind die passende Beilage für diesen „Wintertrunk".

GEWÜRZBIER
Dem Bier Honig und die Gewürze zugeben und in einem großen Topf zum Kochen bringen.
Achtung, die Flüssigkeit schäumt schnell über! Vom Feuer nehmen und 2 Stunden ziehen lassen.
Abseihen, nochmals erhitzen und heiß servieren.

Gewürzbier darf als eine wohlschmeckende Erinnerung an frühere Zeiten gelten, als Gewürze noch rar und teuer waren. Es schmeckt wie alle Punsche, zu denen es zählt, am besten an langen Winterabenden im warmen Zimmer, wenn es draußen stürmt und schneit. Sollten Sie Gäste dazu einladen, dann richten Sie denen bitte ein Nachtlager. Denn ein Punschabend, vielleicht schon mit dem ersten selbstgemachten Weihnachtsgebäck, wird erst dann für alle so richtig gemütlich, wenn niemand mehr nach Hause fahren muß!

Schlummerbier

Ein angenehmer Schlaftrunk, der es aber in sich hat! Es ist deshalb gut, wenn man schon alles für die Nachtruhe gerichtet hat, bevor man das Schlummerbier zu sich nimmt. Es schmeckt dann am besten, wenn es frisch zubereitet und möglichst heiß gelöffelt wird. Nach dem Genuß sollte dann der Weg ins Bett nicht mehr allzuweit sein!

Für 1 Person:
½ Liter helles Bier
2 EL Zucker
2 Nelken
1–2 EL weißer Rum
1 Scheibe Toastbrot
Zimt

Bier mit Zucker und Nelken aufkochen, Rum hinzufügen und in einen vorgewärmten Bierkrug aus Steingut gießen. Getoastetes Weißbrot in Würfel schneiden, zum Bier geben und mit Zimt bestreuen.
Heiß auslöffeln.

dankbarst gewidmet.

Die Rezepte nach Gruppen

Soweit in den Rezepten nichts anderes vermerkt ist, sind die Zutaten für vier Personen berechnet.

Die Rezepte alphabetisch

Ein Wort des Dankes

Zahlreiche Firmen, allen voran Brauereien, sowie Verbände, Vereine, aber auch einfach Privatpersonen, Bierfreunde haben geholfen, daß wir so viele Informationen und Bilder in dieses Buch aufnehmen konnten. Allen sei pauschal dafür gedankt!

Bildquellen

Artothek: 16 (Gemälde: Eduard von Grützner, Foto: Sophie R. Gnamm)
Bavaria: 114 (Photo Group), 91 o. (Picture Finders)
Beck & Co: 57 (Bosch)
Bildagentur Preußischer Kulturbesitz: 13, 55, 22 (Lutz Braun), 15 (Kraft)
Bilderberg: 60 (2, Frieder Blickle), 56 (Klaus Bossemeyer), 92 (Karol Kallay), 52, 58 und 87 (Wolfgang Kunz), 68 (Hans Madej), 46 u. (Andrej Reiser)
Privatbrauerei Diebels: 25
Focus: 91 u. (Bruno Barbey), 69 und 154 (Hoyer/Snowdon), 82 (Jason Louré/Woodfin), 89 (Paul Massey), 85 (Knut Müller/Snowdon), 94 (Sebastiao Salgado), 146 (Helga Sittl), 76 o. (Alex Webb)
Mirko Fölkl: 8/9
Gutbrod (Hötzel): 18, 19 o.
Anne Hamann: 10 und 84 (Thomas Höpker), 160 (Guido Mangold), 116 (Anselm Spring)
HB-Verlag, Hamburg: 64, 65
Erhard Hehl: 20, 96
Privatbrauerei Hoepfner: 24, 27
Huber: 11 (R. Schmid)
IFA: 35 (Aigner), 88 (Bail), 53 (Diaf), 19 u. (Frima), 67 (Gerig), 43 (Göß-Holz), 49 (Manheim), 42 (Renz), 93 (von Stroheim), 120 (Ventura)
Karlheinz Käppeler: 76 u.
Helga Lade: 59 und 110, 170 (Hilgert), 46 o. (Lorenz), 54 (Rangnow)
Mauritius: 29 (ACE), 36 und 51 (Otto), 176 (Rossenbach), 39 o. (Thonig), 168 (Vidler)
Friedhelm Messow: 14, 38, 47, 97 u. l.
Mathias Müller: 7 u., 70
Gregor M. Schmid: 5, 6, 72, 73, 74, 79
Hans-Jörg Schrenk: 71
Sigloch Bildarchiv: 86, 97; 2, 39 u., 106, 132, 158, 162, 184 sowie alle ungeraden Seitenzahlen von 99 bis 185 (Hans Joachim Döbbelin);
12 (Erhard Hehl)
Silvestris: 44, 136 (Hans-Georg Arndt), 41 (Lothar Drechsel), 45 (Karl-Heinz Eckhardt), 80 (Rauch), 98 (Andreas Riedmiller), 126 (Norbert Rossing), 61 (Otto Stadler), 97 Mitte (Wünsch)
Erich Spiegelhalter: 7 o.
Christian Teubner: 32
Walter Thierfelder: 81
topCom: 62, 174

Impressum

Reproduktion: Otterbach Repro, Rastatt
Satz: Setzerei Lihs, Ludwigsburg
Druck: Druckerei Eberl, Immenstadt
Papier: 135 g/m^2 BVS glänzend der Papierfabrik Scheufelen, Lenningen
Bindearbeiten: Sigloch Buchbinderei, Künzelsau
ISBN 3-89393-088-4

Internationale Spezialitäten